KUWEI
酷威文化
图书 影视

张居正传

周其运 著

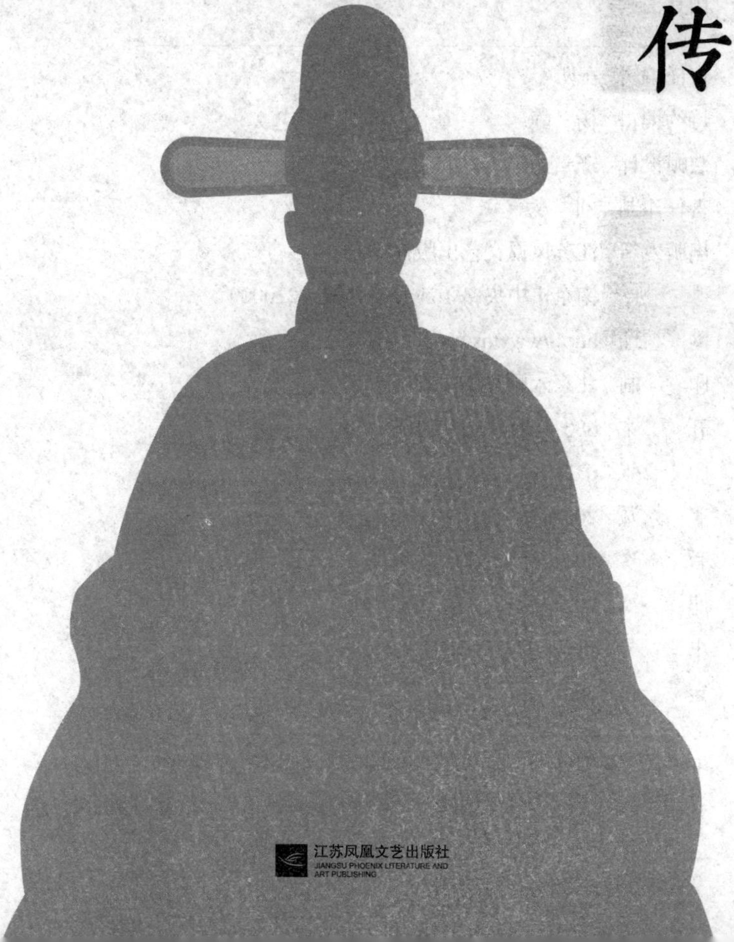

江苏凤凰文艺出版社
JIANGSU PHOENIX LITERATURE AND ART PUBLISHING

图书在版编目（CIP）数据

张居正传 / 周其运著 . -- 南京 : 江苏凤凰文艺出版社 , 2021.12

ISBN 978-7-5594-6266-4

Ⅰ . ①张… Ⅱ . ①周… Ⅲ . ①张居正（1525-1582）- 传记 Ⅳ . ① K827=48

中国版本图书馆 CIP 数据核字 (2021) 第 190417 号

张居正传

周其运 著

责任编辑 王昕宁
特约编辑 杨 静
装帧设计 卷帙设计 QQ: 2649686699
责任印制 刘 巍
出版发行 江苏凤凰文艺出版社
南京市中央路 165 号，邮编：210009
网 址 http://www.jswenyi.com
印 刷 北京永顺兴望印刷厂
开 本 880 毫米 × 1230 毫米 1/32
印 张 6.875
字 数 200 千字
版 次 2021 年 12 月第 1 版
印 次 2021 年 12 月第 1 次印刷
书 号 ISBN 978-7-5594-6266-4
定 价 39.80 元

目录

第一章
内阁起始

明朝内阁的起源

元至正二十四年（红巾军宋龙凤十年，1364），朱元璋即吴王位，仿元制，置中书省、行中书省，设左右丞相。

朱元璋从一个沿街乞讨的乞丐到万人之上的皇帝，历经艰难困苦，既充满传奇色彩，也形成了刚愎自用的性格，其中明显特征就是他视权如命，一旦大权在握，就不能落入旁人之手。于是，在此后的几年间，为加强中央集权，将权力完全揽在自己手中，他一步步地削弱相位。

洪武元年（1368），改左右相国为左右丞相；

洪武九年（1376），改行中书省为三司，改变行省政治直属中书省局面，同年裁汰中书省官员，只保留丞相职务。

洪武十一年（1378），诏令六部，政事“勿白”中书省，夺六部政务于中书省。

洪武十二年（1379），谪斩右丞相汪广洋。

朱元璋称帝初期，设左右丞相。明朝以左为尊，故左丞相为百官之首，即实际意义上的宰相。朱元璋时期，共任命了两个左丞相，第一个是开国功臣李善长，第二个是胡惟庸。

朱元璋削弱相权

那朱元璋为什么后来又决心削弱相权呢？除了他对权力的过于渴望外，还与当时的社会背景有关。

朱元璋在解决了北元后，制定了一系列旨在恢复生产和生活的政策，收到了好的效果，但此时，朝廷内部的矛盾又激烈起来，大臣以地域为区分，分成淮西和浙东两派。

这些所谓的派别，实际上就是老乡会，大家都说一样的方言。朱元璋手下最大的老乡会就是淮西集团，会长本来应该是朱元璋，但考虑到他是皇帝，所以当时是由李善长代理会长。这一集团人多势众，主要成员有李善长、郭兴、郭英、汤和、周德兴，还包括常遇春等人。这些人可以说是朱元璋起家的班底，阵容强大，足可独霸一方，甚至当时的人们见面都以会说淮西话为荣。

李善长何许人也，为什么是第一功臣？

李善长是定远人，与朱元璋同是安徽籍贯，算是同乡，很早就投奔朱元璋，并且十分有才能。明面上看，他好像很少出面干什么大事，实际这是由他的工作特点决定的。他主要负责后勤和政务办理。李善长知人善任，能因才用人，使之各得其所；并且娴于辞令，明习故事，处理政务，裁决如流，将吏帖服，居民安堵；调兵转饷无乏，恢复制钱，榷淮盐，立茶法，开铁冶，定鱼税，国用益饶，而民不困。作为“大总管”，李善长被朱元璋称为“在世萧何”。他在朱元璋势微的时候投奔而来，一直负责军队的粮饷供应，成为前线将士风卷残云的“发动机”。他是朱元璋登基典礼的“总导演”，是朱元璋大封功臣时的“首席公卿”，也是朱元璋的亲家翁。

李善长一直跟随朱元璋打天下，鞍前马后地劳顿。后勤工作不好搞，劳心劳力又不讨好。朱元璋是个明白人，所以在明朝建立后，便以李善长为第一功臣，任命他为丞相；并曾特赐他一方铁制的凭券，上面明写着可以免除他两次死刑、免除他儿子一次死刑的承诺。

浙东派的代表人物是刘基。在当时，刘基也是响当当的人物，却终究成为派别之争的牺牲品。

李善长长处明显的同时，缺点也极其突出。他外宽和而内多刻薄，既富且贵，骄横专擅，凭借自己的权势，颐指气使，凌驾于百官之上，朱元璋日渐不满。碍于李善长过去的功劳朱元璋一直隐忍不发。一天，朱元璋借与陶凯论斋戒当至诚为由，暗示李善长应趁早退职。李善长立即心领神会，谢恩辞职。

然后，胡惟庸做了宰相。胡惟庸也是定远人。龙凤元年（1355），在朱元璋攻克和州时，胡惟庸归附红巾军，颇受宠信。因李善长的推荐，他被擢为太常寺少卿。对此，有人归结为同乡关系；也有人分析为胡惟庸的侄女嫁给李善长的侄子为妻，有着姻亲关系；还有一种说法是李善长收受了胡惟庸的贿赂。无论怎么说，在李善长的运作下，胡惟庸一路仕途顺利，历任宁国主簿、湖广佥事、太常少卿，洪武三年（1370）官至中书省参知政事，洪武六年（1373）升右丞相，再升左丞相。明太祖朱元璋先后任命过四员丞相（李善长、徐达、汪广洋、胡惟庸），其中胡惟庸主政时间最长、权最重——任相七年，权势显赫，遇事专断。

作为淮西派二号人物，本来胡惟庸接替李善长的宰相之职已在朱元璋心中内定，可是为了显示公允，朱元璋偏偏要询问刘基的意见。刘基虽然受到李善长的排挤，仍然出于公心劝导朱元璋不要撤换李善长："善长勋旧，能调和诸将。"但朱元璋还是决定要撤换李善长，于是提出让刘基接替李善长的位置，刘基立即以自己无法胜任而婉言拒绝。

朱元璋又问："杨宪如何？"刘基与杨宪有私交，但他还是说了公道话："（杨）宪有相才，无相器。夫宰相者，持心如水，以义理为权衡，而己无与者也，（杨）宪则不然。"直言指出杨宪能力可以胜任宰相，可是心胸不够。

朱元璋又问："汪广洋如何？"刘基说："此偏浅殆甚于（杨）宪。"意思说汪广洋还比不上杨宪。

朱元璋又问："胡惟庸如何？"刘基性情耿直，一直不看好胡惟庸，就直言不讳地说："譬之驾，惧其偾辕也。"又说："区区小犊，一经重用，偾辕破犁，祸且不浅了。"在刘基看来，胡惟庸最为糟糕，好比一匹劣马，叫它驾车，必然会翻车坏事。

刘基这样回答，并不是完全出于私心要排除异己，也是站在国家利益上客观评价。胡惟庸早年归附红巾军，颇受宠信，在李善长的推荐下，被擢为太常寺少卿（北魏始置太常少卿，北齐称太常寺少卿，为太常寺副长官，历代沿置。唐制，太常寺少卿二人，正四品上，祭祀宗庙时由其率太祝、斋郎安排香烛，整理揩拂神座与幕帐，迎送神主。举行祭礼时，与良酝署令共同斟酒），后来一直从事排挤非淮西系人士的勾当。

总之，胡惟庸一路仕途顺利，都是攀龙附凤之术。

朱元璋见以上人选都不合适，再次邀请刘基出任丞相："吾之相，诚无逾先生。"刘基再次推辞："臣疾恶太甚，又不耐繁剧，为之且辜上恩。天下何患无才，明主悉心求之。目前诸人，诚未见其可也。"意思就是我这人疾恶如仇，又做不了烦琐事，如果做了宰相就辜负了皇上。皇上不用担心天下没有能够胜任宰相的人，只要有内心仔细甄别便会有所发现。目前您提的这几个人，都不适合做宰相。

可是朱元璋不但让胡惟庸当了宰相，而且把他们的对话告诉了胡惟庸，导致心胸狭窄的胡惟庸对刘基耿耿于怀，甚至即便刘基退休回家，依然不肯放过刘基。

史料记载，刘基因对于朱元璋安排胡惟庸做宰相的行为心灰意冷，知道自己将大祸临头，于洪武四年（1371）告老回乡，又因怕遭政治灾祸，索性隐居山中，不再与闻政治，每天以饮酒下棋为乐，口不言功。他想逃避现实，但政治斗争的旋涡仍然把他卷了进去。胡惟庸获悉刘基曾在皇帝面前说自己无能，怀恨在心。当时胡惟庸以左丞掌中书省事，指使亲信官员攻击刘基，无中生有地诽谤刘基用有"王气"的土地建造自己的坟墓，图谋不轨，刺激朱元璋的猜忌心理。结果是在意料之中的，刘基被剥夺了官禄。刘基惧怕更大的祸患，赶赴南京当面向皇帝请罪，并且留京不归，以明心迹。不久胡惟庸当上了左丞相，刘基大为悲戚："使吾言不验，苍生福也。"从此刘基忧愤成病，没有多长时间就死去了。关于刘基的死因，后来胡惟庸案发，有人告发说，刘基是胡惟庸毒死的。从胡惟庸与刘基的矛盾看，如果淮西派是朱元璋的"正室"，浙东派就是"偏房"，"偏房"斗不过"正室"，自然呈现一边倒的阵势。

淮西派倒台

胡惟庸在宰相的位置上政绩并不突出，但贪污受贿行为却很严重，同时不断排挤任何不服从他的人，甚至敢于挑战朱元璋的权力，私自截留下属的奏章，官员升降，处决犯人，都不经过朱元璋的批准。正如《明史》所说："帝以（胡）惟庸为才，宠任之，惟庸亦自励，尝以曲谨当上意，宠遇日盛。独相数岁，生杀黜陟，或不奏径行。内外诸司上封事，必先取阅，害己者，辄匿不以闻。四方躁进之徒及功臣武夫失职者，争走其门，馈遗金帛、名马、玩好，不可胜数。"尽管朱元璋有意维护淮西派的利益，很多时候睁一只眼闭一只眼，但真正危及自己利益时也会痛下决心，大开杀戒。

到了洪武十三年（1380）正月，丞相胡惟庸称其旧宅井里涌出醴泉，此为祥瑞，并借此邀请朱元璋前来观赏。朱元璋欣然前往，走到西华门时，太监云奇紧拉住缰绳，由于激动，一时说不出话来，拼命指向胡家。朱元璋感觉事态严重，立即返回，登上宫城时，发现胡惟庸家上空尘土飞扬，墙道都藏有士兵。朱元璋大怒，以"谋不轨"罪诛胡惟庸九族，同时杀了御史大夫陈宁、中丞涂节等数人。

出人意料的是，李善长还活着。他与胡惟庸是亲家，而且他弟弟李存义是板上钉钉的同党。朱元璋考虑到他在朝廷中的巨大影响力，不但没有杀他，连他的弟弟李存义也免死，放逐到崇明岛（今上海崇明岛）。

可是事情并未就此结束。洪武二十三年（1390），李善长家里修房子。此时，他已经不是当年的丞相了，不能再呼风唤雨，却想出向带兵的汤和借三百士兵当劳工的念头。汤和是他的老乡，也是他的好友，因而在他看来这似乎是一件平常的事情。然而在借给李善长三百士兵后，汤和立刻密报了朱元璋，朱元璋又一次对李善长动了杀机。

然而李善长又犯了一个更加要命的错误：他的亲信丁斌因为犯法应该被流放，他却上书为丁斌求情。朱元璋愤怒了，下令不再流放丁斌，而是将他关到监狱里，日夜拷打。

丁斌扛不住了，在朱元璋的"循循善诱、耐心开导"下，终于脑子开了窍，招供了李存义与胡惟庸共同谋反的细节。朱元璋当机立断，把李存义抓了回来，也是严刑拷问。李存义于是又供出了自己劝说李善长的情况，而李善长的那句"汝等自为之"也成了朱元璋嘴里出现频率最高的词句之一。

李善长的家奴经过仔细分析，也开始落井下石，痛打落水狗。他们合谋以受害者的身份向朱元璋申述，说他们长期受到李善长的欺压，并状告李善长积极参与胡惟庸谋反，还将时间、地点说得相当清楚。

此时凑热闹的人也不断地多了起来，御史们纷纷上书弹劾李善长，从上朝时不注意礼节到贪污受贿，罪名无所不包。更让人想不到的是，钦天监生怕落后，被人认为觉悟低，也结合部门实际，向朱元璋上了一个非常荒唐的奏报，说“最近出现星变，是不吉利的预兆”，然后提出了解决的方法——“当移大臣”。

朱元璋颁布《昭示奸党录》，以伙同胡惟庸谋不轨罪，处死韩国公李善长、列侯陆仲亨等开国功臣。处死李善长的理由是李、胡两人往来甚密，而李善长身为元勋国戚，知逆谋不举，狐疑观望，心怀两端，大逆不道，招惹灭族之灾。李善长全家七十多口被满门抄斩，朱元璋只免了自己的女儿、女婿（也即公主和驸马李祺）之死。朱元璋后又以胡惟庸通倭、通元（北元），究其党羽，前后共诛杀三万余人，时称“胡狱”。

从一系列事件可以看出，朱元璋这个人向来多疑，所以功臣几乎被杀光。现在他逐渐年迈，太子朱标又生性懦弱，所以他更加没有安全感。或许也一直密切关注胡惟庸等高官动向，之所以能够七年隐忍不发的一个重要原因就是感觉事态还不够大，他所要的局面是胡惟庸把事情搞得足够大，好以此进行一场大的清洗与政局整合。

朱元璋废除宰相制

这场腥风血雨除了使许多人遭受灭顶之灾外，另一个后果是朱元璋废除丞相制。除掉胡惟庸后，朱元璋于洪武十三年（1380）废除丞相制度，开始大权独揽，集皇权、相权于一身，结束了自古以来皇帝与六部尚书中间夹着丞相的局面，从此六部尚书直接对皇帝负责。洪武二十八年（1395）六月，朱元璋御奉天殿，敕谕文武群臣：“自古三公论道，六卿分职。自秦始置丞相，不旋踵而亡。汉、唐、宋因之，虽有贤相，然其间所用者多有小人，专权乱政。我朝罢相，设五府、六部、都察院、通政司、大理寺等衙门，分理天下事务，彼此颉颃，不敢相压，事皆朝廷总之，所以稳当。以后嗣君并不许立丞相，臣下敢有奏请设立者，文武群臣即时劾奏，处以重刑。”这是朱元璋将罢左右丞相、废中书省、其事由六部分理真正明确下来，标志着中国封建王朝“丞相”职位彻底消失。

可是在封建制王朝的最高决策层中，皇帝相当于企业集团最高层，宰相的职能就相当于CEO。关于宰相职责，西汉的丞相陈平有过总结：“宰相者，上佐天子，理阴阳，顺四时，下遂万物之宜，外镇抚四夷诸侯，内亲附百姓，使卿大夫各得任其职也。”可见宰相的重要地位非同一般。能力好的皇帝或许还勉强可以短期兼任CEO，可是要长期维持大国正常运转却是一件根本不可能的事情。从洪武十七年（1384）九月十四日到二十一日，仅仅八天内，朱元璋收到了一千六百六十六件公文，合计三千三百九十一件事，平均每天要看两百份文件，处理四百件事情。

更要命的是朱元璋是标准的草根出身，做过和尚，当过乞丐，带兵打仗也很有天分，可是就是学问不够，因此对一批满口之乎者也的下属那通篇文绉绉的文章看得一头雾水，没少给人打板子。当时的户部尚书茹太素曾经上了一篇奏折给朱元璋，朱元璋让人读给自己听，结果读到一半就用了将近三个钟头，都是三皇五帝、仁义道德之类。朱元璋当机立断，命令不要再读下去，数了下字数，已经有一万多字了。朱元璋气极，命令马上传茹太素进见，让侍卫把他狠狠地打了一顿，并开始酝酿着找些参谋。

内阁的诞生

在这种情况下，一个奇怪的机构——内阁就诞生了。殿阁大学士作为皇帝的顾问，其职责最开始为皇帝的秘书机构人员，代皇帝起草诏令、批改奏折、拟票（拟定文草）等。最初的内阁设春夏秋冬四辅官，两年后撤之；仿宋制，改设华盖殿、武英殿、文渊阁、东阁四大学士，并增置文华殿大学士。诸大学士仅以“辅太子、备顾问”。建文帝改革翰林官制，废华盖殿、武英殿、文渊阁大学士，设学士，将翰林、殿阁学士合而为一。永乐帝继位后，复旧制，并充实翰林官。洪武三十五年（建文四年，1402），永乐帝命解缙、胡广、杨荣等翰林官七人入值文渊阁，协理庶政，是为内阁肇始。

内阁设辅政大学士若干，并无定数，可以根据需要随时增补。以隆庆元年（1567）为例，内阁共有六人，分别为少师建极殿大学士徐阶，吏部尚书兼武英殿大学士李春芳（二月晋少保、四月晋少傅兼太子太傅），吏部尚书兼武英殿大学士郭朴（二月晋少保、四月晋少傅兼太子太傅、九月致仕），礼部尚书兼文渊阁大学士高拱（二月晋少保兼太子太保、四月晋少傅兼太子太傅、五月罢官），礼部尚书兼文渊阁大学士陈以勤（四月加太子太保），吏部左侍郎兼东阁大学士张居正（四月晋礼部尚书兼武英殿大学士）。到了万历元年（1573），内阁只有两人，分别为张居正、吕调阳（十一月晋太子太保）。内阁中首席内阁大学士也称为内阁首辅。朱元璋、朱棣时期，由于这两个皇帝比较勤政，内阁大学士一直没有什么权力，对政事也没有太大影响。到明成祖朱棣的孙子明宣宗朱瞻基时期，皇帝的精力没有爷爷和老爹充沛，于是就开始对内阁放权。此后内阁逐渐恢复了以前丞相的权力，甚至有过之而无不及，于是内阁首辅就成了有实无名的宰相。

从能力上看，明朝的内阁辅臣总体素质普遍较高，譬如连中三元的商辂、著名的“三杨内阁”等，在历史上都赫赫有名，但最具有争议性的却是大改革家张居正。

第二章
追根溯源

祖上刀尖上创下的基业

张居正，明朝中后期著名政治家、改革家，万历时期的内阁首辅，辅助万历皇帝朱翊钧进行了“万历新政”，使生命垂危的大明王朝有了中兴之望。

但他的家族没什么深厚的历史背景，更不是名门望族，最远可追溯到先祖张关保这一代。

张居正的先祖是元末的张关保，凤阳定远人。张关保和朱元璋是非常近的同乡，在元末参加了朱元璋的队伍。他没有像朱元璋那样幸运地成为帝王，也没有像李善长、胡惟庸那些老乡封侯拜相，而是在以后的军旅生涯中渡江，破采石矶，随大将军徐达平定江南，立功浙江、福建、广东，最后授归州长宁所世袭千户，入了湖广的军籍。军籍是明代的一种制度，各府设所，诸府要害之地设卫。五千六百人为卫，一千一百二十人为千户所，一百一十二人为百户所，兵士和官长都有世籍，所谓军籍。这种军籍是一种权利与义务的共同体。明朝军制有这样的规定：武将的嫡长子世袭官职；非嫡长子承担军役义务，为军户。这和中国古代的宗法制大同小异。

如此说来，张居正的出身还是很有渊源的。后来他一生立志报国，恐怕也与他的先祖有关。

三代无畏守业，家境没落

再往后的两代，张居正的祖上又归于平静，连续两代人都没有什么大的作为，仅仅有名字，无事迹可考，大概都在安心享受祖辈福荫。

古代世袭的标准普遍采用嫡长制，张居正的曾祖张诚（字怀葛）是次子，无资格继承千户，只有当军户的份。可是在重文轻武的年代，军人的地位普遍较低，相较于仕途更是有天壤之别，于是张家一直希望可以通过读书改变命运。为了谋生，他们就从归州迁至江陵城外十余里处的张家台村。

张诚为人忠厚老实，且有菩萨心肠，在乡里名声甚好，深受乡邻爱戴。他们虽然家中不甚富裕，可素来乐善好施，遇到需要帮助的乡亲从来都解囊相助。他说起话来有些口吃，故人称“謇子”。邻居或夫妻、兄弟、妯娌之间每每发生小口角、小摩擦，张诚三言两语，语重心长，双方或破涕为笑或心平气和而就此言归于好。街坊邻居对他极为尊重，因此他在这个村子里威望很高。

祖父辈决心弃武从文，光宗耀祖

张诚有三个儿子：大儿子头脑灵活，擅长经商，因此家境颇为富裕；次子张镇（张居正的祖父），慷慨仗义，颇有先祖张关保的侠义之风，在辽王府做了一名护卫，继承了张家祖上的基业；幼子自小有志于学，成年后早早考取了秀才，屡次乡试却都名落孙山，闲暇时便写诗填词，自娱自乐，成了一个逍遥的文人骚客。

然而张诚偏偏喜欢张镇，感慨他既然不如他的哥哥，也不及他的弟弟，那么只好把希望寄托在他能生一个好儿子。

父亲发愤图强，难遂人愿

张镇生子，即张文明，字治卿，也就是张居正的父亲。张文明自小聪明伶俐，机灵可爱，乖巧懂事。

张居正也曾这样回忆：“先君幼警敏，为文下笔立就，不复改窜，口

占为诗，往往有奇句，然不能俯首就绳墨，循矩矱，以是见诎于有司。”（《先考观澜公行略》）

张诚曾经感慨地说：“我这一生帮助的人数不胜数，后代一定会有出人头地、光宗耀祖的。莫非就是这孙儿吗？”张文明成年，身材修长，眉清目秀，风度翩翩，玉树临风，因此许多大户人家都托人上门提亲。张诚在媒人面前嘴上欢喜，连声感谢，却对儿子张镇说：“我这孙儿必定富贵非凡，不需要靠女人来寻求富贵。”邻村赵姓人家有一女儿，温柔善良。张诚满心欢喜，做主定了这门亲事。

张文明弱冠之年补为荆州府秀才。父亲张镇为人慷慨且贪杯，因此家境贫寒。当时的许督学看他颇有才气，是可造之才，因此对他赏识有加，岁考时把他定为高等，招入书院。除每季发给他银两外，还由荆州府提供他米肉膳食。在科举的时代，这无疑是一个极好的发展平台。张文明和其他资质优异的秀才们一起，寒来暑往，苦读不辍，但是考过七次乡试，始终没有录取。一直到张居正做了翰林，他还是只能以一个秀才的身份放弃科举考试，将全部希望寄托在了这个已经入了仕途的儿子身上。

第三章
神童传说

带着光环降世

荆楚大地，人杰地灵，自古人才辈出，春秋战国时期出了著名浪漫主义文学大家屈原、传奇人物伍子胥，在明代再度出了个名相——张居正。

张居正出生在嘉靖四年（1525）五月初三，他的曾祖父张诚、祖父张镇、父张文明都健在。那年张文明二十二岁，张文明的妻子赵氏二十岁。史载张居正仪表不凡，身材修长，面目清秀，须长至腹；为人“勇敢任事，豪杰自许。然沉深有城府，莫能测也”。他的这种性格的确很适合在仕途上发展：既有大刀阔斧进行改革的魄力，也有审时度势、运筹帷幄的能力。

张居正的出生带着一种传奇色彩。据说张居正的母亲夜中看到房间里突然发亮，一阵火光，一直连到天上，然后一个青衣童子，五六岁的样子，从天上慢慢地下来，在房间里围着床转，于是就怀孕了。明·张敬修《文忠公行实》还指出赵氏怀孕十有二月才生居正。一般人是怀胎十月出生，而据张居正的儿子的笔记记载，张居正是在娘胎多待了两个月，直到十二个月后才出生，被认为贵征。

同时还有两个离奇的梦：一个是张居正出生前夕，张镇梦到遍地大水，一直流满屋子。张镇惊惶不已，问奴仆：“哪儿来这许多水？”奴仆说：“水是从张少保的地里流出的呀。”少保是官名，辅佐皇帝。明、清时期，少保皆为从一品，相当于宰相的身份。

同夜，张诚也梦到月亮落在水瓮里，照得满瓮发亮，随后一只白龟跟着水光浮上来。乌龟在古代与龙、凤凰、麒麟、鹤、鹿等同为吉祥的象征，因此唐朝人都把佩戴金龟作为身份的象征和荣耀，而不像今天乌龟经常成了骂人的代号。古代还有一个意识形态，就是越稀少的东西越是好兆头，黑色乌龟并不少见，白龟却稀少之极，因此吉利极了。

关于吉兆这一说，似乎成了每个伟人出生前的一种必然，这样的传说三皇五帝时已有之。商代始祖契出生时，据说其母与别人外出在河中洗澡，一只燕子从天上飞过生下一枚鸟蛋，正好掉在河中。众人惊奇地发现，这是枚五彩鸟蛋，在水面上滴溜溜地打转，散发着五彩的光。简狄因为好奇就拾起鸟蛋吞了下去，感天而孕，生下了契。

周代始祖弃出生前也有类似的吉兆：其母姜嫄，有一次在野外看到了地面上有一枚巨人的足印。她因为好奇就在那枚脚印上踩了一下，没承想怀孕了，十个月后生下了一个小男孩，就是弃。

孩子出生了，按照传统应该马上取个名字，这个重任自然落在身为一家之主的曾祖父张诚身上。张诚结合自己的梦，于是就将张居正的名字取为白圭，为白龟的谐音。

小小天才

张家的经济条件并不太好。嘉靖三十三年（1554），张居正请假自京回籍，上徐阶书说“窃念正起自寒士，非阀阅衣冠之族，乏金张左右之容”（书牍十五《谢病别徐存斋相公》）；万历中与王世贞书也说“仆先世单寒，非阀阅衣冠之旧”（书牍十五《答廉宪王凤洲八》），都显出他对这个家庭环境的认识。不过张居正出生时，张家经济状况方面已经大大改善，并且有了奴仆。

据说张居正就是一个天生奇才，在两岁的时候，他已经表现不俗。两岁时，他堂叔父张龙湫曾指着《孟子》对他开玩笑说：“小伢，都夸你聪明伶俐，要认识‘王曰’二字才算真聪明！”于是张龙湫开始教张居正识字。几天后，乳母抱着张居正又碰到张龙湫。张龙湫把张居正抱在膝上，要张居正认“王曰”二字。咿呀学语的张居正用手轻轻指出二字，“神童”的美誉自此传遍亲朋好友、左邻右舍。

儿子聪明是聪明，但张文明却丝毫不敢马虎，下定决心要好好培养这个爱好读书的儿子。闲暇的时候，张文明便教张居正背诵《百家姓》《千字文》等启蒙读物，其后让张居正读《幼学琼林》等浅显易懂的书籍。张居正五岁入私塾读书，十岁时粗通《大学》《中庸》《论语》《孟子》“四书”以及《诗经》《尚书》《礼记》《周易》《春秋》“五经”大义。正是张居正父亲的言传身教，使张居正积累了很好的文化功底，为张居正后来考取功名打下了基础。

才华初现，贵人相助

嘉靖十五年（1536），张居正十二岁，在荆州府参加考试。荆州府知府李士翱前一晚做了一个梦，梦见上天给他一个玉印，吩咐他转给一个孩子。第二天阅卷的时候，一份试卷引起了他的注意，再看考生姓名——张白圭，于是又想到昨天晚上做的梦，就把张白圭叫了过来。

李士翱问他：“你的名字白圭有什么寓意？”

张居正回答：“先秦的白圭，是研究治生之道的鼻祖，又是商人和政论家。本朝的白圭，是正统七年的进士，曾任山西巡抚，历任工部及兵部尚书。我这个白圭，将来也是救民救世的人，所以叫白圭。”

张居正的这番言辞与其曾祖父当时的想法有异曲同工之妙，但又显得高大上和非常有气魄。布衣寒门的子弟，常常有“鱼化为龙”的梦想，张居正的话令李士翱大为折服。思考片刻，李士翱语重心长地说：“我已经看过你的考卷，非常不错，你将来一定是个人才。只是看你的名字，虽然也很好，但是只适合小的时候，等你功成名就时恐怕就不合适了。所以，我给你改个名字吧。‘其身正，不令而行’‘官正则民服’，你就叫居正吧！”张居正点点头，欣然接受，从此就以“居正”自称。

荆州府考过后，湖广学政田顼来了。李士翱见到田顼，告诉他荆州府有这样一个聪明的孩子。田学政把张居正招来面试，试题是“南郡奇童赋”，张居正很快交了卷。田学政和李士翱都惊异得不得了。这年，张居正补府学生。

后来的荆州知府李元阳在学府见到张居正，闲聊没几句便感觉这孩子思维敏捷、才如泉涌，比同年龄孩子要聪慧很多，不禁心想：“如若自己对这孩子稍加点拨，他日后必成国家大器。否则只怕世间会多出一个方仲永，泯然众人矣。”于是李元阳着意培养张居正，经常在闲暇时和他谈学论道，指导他做人的道理。在李元阳的点拨下，张居正博览群书，遍读名家诗词、文章，进步很快。

第四章
命运捉弄

才华带来的尴尬

张居正的名气更加响亮，却引来一场灾难：太祖朱元璋洪武十一年（1378）封第十五子朱植为卫王，洪武二十六年（1393）改封辽王。起初辽王府在广宁，即今辽宁省北镇市；建文年间，辽王渡海南归，改封荆州，这是辽王府在荆州的由来。张镇为辽王府护卫，张家和辽王府从此发生关系。张居正出生的前一年，也就是嘉靖三年，第六代辽王袭封，这是庄王朱致格。次年庄王妾生子朱宪㸅，正和张居正同年。嘉靖十六年，庄王死了，朱宪㸅因为还在服丧，无法袭封，而且年龄很小，大权还在嫡母毛妃手里。说起来毛妃并不是朱宪㸅的生母，因为朱宪㸅的父亲死得早，他父亲的原配王妃也就是这位毛妃，就成了他名义上的母亲。

朱宪㸅只是第六代辽王跟一个小妾生的孩子，因为毛妃没生孩子，所以朱宪㸅就继承了王位；又因为朱宪㸅是辽王王位的继承人，所以他的生母反倒没有权利管他，而毛妃则成了朱宪㸅的法定监护人和管教者。

毛妃看到朱宪㸅放荡不羁，但是张居正已经是名震荆州的小秀才。张居正十二岁考中秀才的时候，就早已是名满当地的神童了。后来，毛妃偶然了解到这个天才儿童的爷爷居然就在自己的府里当护卫，很高兴。在张居正考上秀才之后，毛妃就让张居正的爷爷张镇带他这个天才孙子到辽王府来玩。

毛妃见到张居正，越看越喜欢，就让张居正跟与他同岁的朱宪㸅做好朋友。两个人年岁相当，还是有共同语言的；而且朱宪㸅作为辽王王位的继承人，平常被管得很严，根本也没什么朋友，所以一下子就跟张居正玩到了一起。

毛妃对自己家这个纨绔子弟朱宪㸅总是看不顺眼，所以就当着所有人的面教训朱宪㸅。一天，毛妃叫来张居正到府中吃饭，却让他坐上首，让朱宪㸅坐在下首。这还不算，其间毛妃还对朱宪㸅说："你这样不上进，终有一天给张居正牵着鼻子走呀！"朱宪㸅心绪满怀，大有羡慕嫉妒恨张居正之感，但是没有发作。他和张居正，从此成为相识，但是在友谊的后面，深深地滋长了仇恨，也使张居正的处境相当尴尬难堪。

有人捧，也有人泼凉水

嘉靖十六年（1537），十三岁的张居正从荆州到武昌应乡试，这次要是试中，便是举人了。

阅卷的考官把试卷呈给湖广巡抚顾璘。顾璘，字华玉，号东桥居士，世称"东桥先生"，长洲（今江苏省吴县）人，寓居上元（今江苏省南京市），明代政治家、文学家。顾璘于明孝宗弘治九年（1496）登进士第，历任广平知县、开封知府、全州知州、台州知府、浙江布政使，其间参与平定刘六、刘七起义，政绩显著；嘉靖十六年（1537）再度被起用为湖广巡抚，后升至工部尚书；嘉靖二十三年（1544），以南京刑部尚书之职致仕归里，建成息园，时常与宾客置酒高会、诗文唱和。

顾璘少有才名，以诗著称于时，与刘元瑞、徐祯卿并称"江东三才"，与上元县的陈沂、王韦并称为"金陵三俊"，其后又加上宝应的朱应登，并称"金陵四大家"。顾璘亦是弘治十才子之一，著有《浮湘集》《山中集》《息园诗文稿》等，又曾评注杨士弘《唐音》。

阅卷的考官在顾璘面前极力夸赞张居正，引起顾璘的注意。他仔细看完考卷，发现此人小小年纪竟然能写出如此气势恢宏的文章，连连叫绝，赶紧让人把张居正叫来。

顾璘问张居正："你年纪这么小，长大后有什么志向呢？"

张居正的回答更加让他吃惊："学生常听父母言及，昔行曾祖父生平急难振乏，常愿以其身为褥荐，而使人寝处其上，使其有知，绝不忍困其乡中父老。学生当以曾祖为效尤，宏愿济世，不仅以身为褥荐，即有欲割取我耳鼻，当亦乐意施与！"

这段话说得极其出彩，传递出一个愿以天下为己任的信号。顾璘万分震惊，就继续考他，手指院中墙边翠竹，让他以竹为题，作一首五言绝句。

张居正文思如泉涌：

题竹

绿遍潇湘外，疏林玉露寒。

凤毛丛劲节，只上尽头竿。

倘若单从诗的角度而言，这首五言绝句并未见得多么出彩，但如果透过表象看内涵就会发现其中的磅礴气势。

南朝刘义庆《世说新语·容止》：“大奴固自有凤毛。”《南史·谢超宗传》：“超宗殊有凤毛。”而典故则来自南朝时期著名的诗人谢灵运的孙子谢超宗。谢超宗很有才学，担任新安王刘子鸾的常侍，他写各种文告十分精彩，孝武帝夸奖他有凤毛，比喻珍贵而稀少的人或物。张居正的这首诗的意思是：“我要以竹子为品格，扬凤毛之才，登上百尺竿头，一展我的青云之志。”

顾璘写诗相赠，称赞他“今看十岁能长赋，何用从前咤陆机”。

陆机，字士衡，吴郡吴县（今江苏苏州）人，西晋著名文学家、书法家；出身吴郡陆氏，为孙吴丞相陆逊之孙、大司马陆抗第四子，与其弟陆云合称“二陆”，又与顾荣、陆云并称“洛阳三俊”。

顾璘赞誉张居正为“国士”“神童”，亲切称呼他为“小友”，还多次对同僚说，张居正是将来治国的相才，可以和唐朝大名鼎鼎的宰相李邺侯媲美。

李泌出身辽东李氏，自幼聪颖，深得唐玄宗赏识，为待诏翰林，为东宫属官；后遭宰相杨国忠忌恨，只得归隐名山。安史之乱时，唐肃宗即位于灵武，召李泌参谋军事，宠遇有加。但他又被权宦李辅国等诬陷，再次隐居衡岳。唐代宗即位后，李泌再被召为翰林学士，屡遭宰相元载、常衮排挤，被外放至地方任职。唐德宗时，李泌入朝拜相，参与内政、外交、军事、财政等方面的筹划，对内勤修军政、调和将相，对外联结回纥、大食等国遏制吐蕃，达成“贞元之盟”，使边陲安定，在相当程度上保证了贞元时期唐帝国的稳定。李泌累官至中书侍郎、同平章事，封邺县侯，世称“李邺侯”。贞元五年（789），李泌去世，年六十八，追封太子太傅。

可见顾璘对张居正的赏识非同一般，他的考卷也名列前茅。湖广巡抚位高权重，对张居正录取与否起到十分关键的作用。顾璘文学修养如此之高，又极其赏识张居正，可是赏识的结果是张居正这次没有考中举人。主要原因是顾璘由于过于赏识他，担心十三岁的孩子就中举人，以后便会自满，反而把上进的志向打消，这是对于张居正的不利，因此主张趁此给他一些挫折，使他更能奋发。顾璘对监试的冯御史说：“张居正是一个大才，早些发达，原没有什么不可，不过最好还是让他迟几年，等到才具老练了，将来的发展更没有限量。这是御史的事，一切请你斟酌罢。”

顾璘的意思是说张居正未来一定是个栋梁之材，可是从塑造人才方面来看，现在还不能录取他。因为他才十三岁，过早地进入官场可能成为第二个王维，只会在官场上舞文弄墨，而对国家真正的需要却没什么贡献。所以现在他需要一些挫折与历练，从而成长为真正对国家有用的大才。

就如同“凡物之骤为之而追成焉者，其器小也；物之一览而易尽者，其中无有也”，任何事物仓促去做并且急于完成，它的内涵就狭小，看一眼都能看透，它内中根本没什么内涵。

这次张居正的考卷，很得湖广按察佥事陈束的欣赏。陈束极力主张录取张居正，但是监试御史想起顾璘的吩咐，竭力拒绝，没有录取张居正。这件事给张居正留下了很深刻的印象。

再考顺利考中，顺路拜访恩人

嘉靖十九年（1540），张居正十六岁，再应乡试，这次顺利考中。十六岁的举人，毕竟很年轻。恰巧这时顾璘以大司空身份正在安陆督工建献皇帝陵园，张居正到安陆拜访顾璘，顾璘很高兴，说道：“古人都说大器晚成，这是为中材的说法罢了。当然你不是一个中材。上次我对冯御史的嘱咐，竟耽误了你三年，这是我的错误了。但是我希望你要有远大的抱负，要做伊尹，做颜渊。伊尹聪明颖慧，勤学上进，耕作于有莘国。不要只做一个年少成名的秀才。”

商汤三聘之后，伊尹辅佐商汤打败夏桀，拜为尹（丞相），尊号“阿衡”，用“以鼎调羹”“调和五味”的理论治理天下（即《道德经》“治大国若烹小鲜”）；积极整顿吏治，洞察民心国情，推动经济繁荣、政治清明；历事成汤、外丙、仲壬、太甲、沃丁五代君主，辅政五十余年，为商朝富强兴盛立下汗马功劳。

颜回，字子渊，居陋巷，尊称“复圣颜子”，春秋末期鲁国思想家；十三岁拜孔子为师，终生师事之，是孔子最得意的门生，孔门七十二贤之首。孔子对颜回称赞最多，赞其好学仁人。

顾璘还把自己的犀带赠给张居正，说道：“君异日当腰玉，犀不足溷子。”意思是说你迟早能当大官（那时候将是腰横玉带），我送你的这个犀角带还委屈你了呢。

有一天，顾璘在家中设宴款待张居正，特意让小儿子顾峻与他相见，并对小儿子说，这位就是荆州有名的张秀才，如果他担任要职，你可以去求他，他会念在昔日老友的儿子的情分上帮你一把。张居正晚年在给朋友赵麟阳的信中，对四十多年前的往事依然记忆犹新，感恩戴德，流露出对顾璘知遇之恩的刻骨铭心的感激。他写道：“仆昔年十三，大司寇东桥顾公，时为敝省巡抚，一见即许以国士，呼为小友。每与藩、臬诸君言：‘此子将相才也。昔张燕公识李邺侯于童稚，吾庶几云云。’又解束带以相赠曰：‘子他日不束此，聊以表吕虔意耳。’一日留仆共饭，出其少子，今名峻者，指示之曰：‘此荆州张秀才也。他年当枢要，汝可往见之，必念其为故人子也。’仆自以童幼，岂敢妄意今日，然心感公之知，思以死报，中心藏之，未尝敢忘。”（书牍十五《与南掌院赵麟阳》）

顾璘去世后，顾家家道中落，张居正便一再请求朋友帮忙，让顾璘后人得到照顾，用言行表达着对顾璘的感恩之心。

张居正与朱宪㸅那点事

就在这年，辽王朱宪㸅三年丧服已满，照例袭封，成为第七代辽王。张居正的中举，进一步激起了朱宪㸅的惭愧和愤怒。朱宪㸅把对张居正的一切怨恨，都发泄到辽王府护卫张镇的身上。

可是朱宪㸅的发泄方式非常奇特——把张镇召进辽王府，赐他喝酒。张镇看到孙儿中举，辽王又赐酒，加上自己秉性豪爽，于是开怀畅饮。直到他喝不下了，朱宪㸅还强迫他喝。更要命的是朱宪㸅让张镇喝的酒是那种酒精度极高的烈酒，所以，最后张镇竟然酒精中毒，醉死了。

当时，张家从张居正中举的快乐里一下跌落到张镇猝死的悲伤里。由于张家还没有话语权，况且谁也不能说就是朱宪㸅害死张镇的，因为张镇是为了庆祝张居正的中举而醉酒死的，这只能说是乐极生悲的偶然事件。你能说辽王赐酒庆祝是有意谋害吗？不能啊！所以，张家也只能打落了牙齿往肚里咽。

张家选择了隐忍，没有太大反应，从张居正当时的表现看，似乎也无太大冲击。在朱宪㸅害死张居正的爷爷张镇之后，张居正并没有表现出什么，还一直跟朱宪㸅保持着很好的朋友关系。

在踏入仕途后，张居正因为要躲避政治斗争，很快就回家休养了三年。这三年里，他经常跟辽王朱宪㸅混在一起，朱宪㸅也经常拉着张居正去游山玩水、诗酒聚会。因为朱宪㸅是辽王，所以张居正也不能拒绝他，有时候甚至还得陪着这个纨绔子弟去一些花红柳绿的地方。所以张居正在这一时期的诗里曾表现出愤懑与苦恼的情绪，这里固然有忧国忧民的成分，然而从张居正后来的一些观点来看，辽王在他心中投下的阴影是非常大的。张居正在《西陵何氏族谱序》说："至我国家，立贤无方，唯才是用，采灵菌于粪壤，拔姬姜于憔悴；王谢子弟，或杂在庸流，而韦布闾巷之士，化为望族。"这篇文章似乎隐约传递着两个信号：一个是一种心胸抱负的抒发，正在准备国家的重用；另一点也表现出了对纨绔子弟的不耻与痛恨。

第五章
选人机制

科举制度

按照明朝的文官制度，监生、贡生分别是由地方学官推荐考入中央大学和省级大学的“大学生”，吏员是通过服吏役而获得做官资格的人。明代农民、士兵家有两三男丁以上的，须抽一名能识字的到官府服役，为期三年，抄抄写写，跑跑杂务；三年后，优异者可进入京城各衙门服役三年，而后就可做官。

洪武年间，上述三类人都可当官。永乐以后，开始讲究文凭；“吏部用人专以资格”。提拔最快和能升到高位的，唯有进士；举人、贡生则多受限制，吏员更是不用提。部、院和地方正官，全部由进士出身的垄断。

嘉靖皇帝曾经有意改正这一弊病，恢复“三途并用”，但实行了两年，各地巡按保荐上来的官员仍是“进士十之七八，举人百之一二，岁贡则绝不齿及”(《明会要》)。

明代正式科举考试分为乡试、会试、殿试三级。

乡试是由南、北直隶和各布政使司举行的地方考试，地点在南、北京府，布政使司驻地，也就是两京十三省共设十五个考点。每三年一次，逢子、卯、午、酉年举行，又叫乡闱。考试的试场称为贡院。考期在秋季八月，故又称秋闱。凡本省科举生员与监生均可应考。主持乡试的有主考二人，同考四人，提调一人，其他官员若干人。考试分三场，分别于八月九日、十二日和十五日进行。乡试考中的称举人，俗称孝廉，第一名称解元。唐寅乡试第一，故称唐解元。乡试中举叫乙榜，又叫乙科。放榜之时，正值桂花飘香，故又称桂榜。放榜后，由巡抚主持鹿鸣宴，席间唱《鹿鸣》诗、跳魁星舞。

会试是由礼部主持的全国考试，又称礼闱，于乡试的第二年，即逢丑、辰、未、戌年举行。全国举人在京师会试，考期在春季二月，故称春闱。会试也分三场，分别在二月初九、十二、十五日举行。由于会试是较高一级的考试，同考官的人数比乡试多一倍，主考、同考以及提调等官，都由较高级别的官员担任。主考官称总裁，又称座主或座师。考中的称贡士，俗称出贡，别称明经，第一名称会元。

殿试在会试后当年举行，时间最初是三月初一，明宪宗成化八年起，改为三月十五。应试者为贡士。贡士在殿试中均不落榜，只是由皇帝重新安排名次。殿试由皇帝亲自主持，只考时务策一道。殿试毕，次日读卷，又次日放榜。录取分三甲：一甲三名，赐进士及第，第一名称状元、鼎元，第二名称榜眼，第三名称探花，合称三鼎甲；二甲赐进士出身；三甲赐同进士出身。第二、三甲第一名皆称传胪，第一、二、三甲通称进士。进士榜称甲榜，或称甲科。进士榜用黄纸书写，故叫黄甲，也称金榜，中进士称金榜题名。

乡试第一名叫解元，会试第一名叫会元，加上殿试一甲第一名的状元，合称三元。殿试之后，状元授翰林院修撰，榜眼、探花授编修；其余进士经过考试合格者，称翰林院庶吉士。三年后考试合格者，分别授予翰林院编修、检讨等官，其余分发各部任主事等职，或以知县优先委用，称为散馆。

说说八股文

明代乡试、会试头场考八股文。读书人能否考中，主要取决于八股文的优劣。所以，一般读书人往往把毕生精力用在八股文上。

八股文也称制义、制艺、时文、时艺、八比文、四书文。顾名思义，它就是用八个排偶组成的文章。以首句破题，两句承题，然后阐述为什么，谓之起源。八股文以“四书”“五经”中的文句做题目，只能依照题义阐述其中的义理；措辞要用古人语气，即所谓代圣贤立言；结构有一定程式，字数有一定限制，句法要求对偶。八股文的主要部分，是起股、中股、后股、束股四个段落，每个段落各有两段；篇末用大结，称复收大结。八股文是由宋代的经义（主要来源于朱熹注解）演变而成。

八股文，从长期来看确实弊端极多，也被很多人骂得一无是处，明末著名学者顾炎武愤慨地说："八股盛而《六经》微，十八房兴而二十一史废。"又说："愚以为八股之害，甚于焚书。"著名的明朝学者宋濂形容过八股选出来的某些人才，"与之交谈，两目瞪然视，舌木强不能对"，活脱脱一副白痴面孔。

在固定的思维、固定的模式下，明朝的学子们完成了他们的文章。但让我们不得不惊叹的是，在如此困难的环境下，考生们仍然写出了很多锦绣文章。这些优秀八股文的作者巧妙地利用既有规则，在有意无意间插入自己的观点，并运用优美的词句表现出来，他们无疑是这场规则竞赛中真正的成功者。

此外，八股文还有一定用处，比如吴敬梓在他的《儒林外史》中曾经写道："八股文若做得好，随你做什么东西，要诗就诗，要赋就赋，都是一鞭一条痕，一掴一掌血。"可见，八股文是很多文体写作的基础；更重要的是，在这样的限制下，很多优秀人才更能脱颖而出。

从当时的环境来看，为了维持统治机器的正常运转，必须有一个选人用人的考量标准，相较于前期的选人制度，八股文取士是一个大的突破与进步：

以"世卿世禄"为核心的世袭制是我国奴隶社会、封建社会爵位世代相传的制度，主要盛行于春秋以前的夏、商、周三代，突出体现了王权和族权高度统一的制度结构。与王朝最高统治者血缘的近疏决定了官爵的大小和等级，王公贵族凭借血统和宗法，使子孙世袭官爵。

察举制在秦汉时期取代了世袭制，为秦汉两朝的选官拓宽了途径和范围。察举制史称"四科取士"，从西汉开始实行，一直延续到东汉。这一制度的核心，是由三公九卿和地方长官负责考察并向上推荐优秀人才，其察举的科目有"孝廉""茂才""贤良方正""文学""明经""明法"等，包括道德品行、文化修养、办事才能等诸多方面。察举制对官员的素质起到了一定的保证作用，但弊端也不少，主要体现在依然是权贵垄断人才的选用。

随后的魏晋南北朝，其选官的主导制度是九品中正制。这一选官制度由朝廷在州郡设置的中正官负责对地方人士的品格、行为、能力进行测定，分九品即九个等级，朝廷依照品级依次授官。与这一“九品官人法”相衔接的政治基础是门阀士族统治。

从客观角度讲，我国古代选人用人制度的核心是为了巩固封建帝王统治。由于历史时代的局限性，历代选官制度在其创设和执行前期均发挥了积极的作用，但在其后期逐渐成为社会发展的体制性障碍，甚至走向僵化等。尽管如此，从比较的视野看，我国古代的选人用人制度还是有值得借鉴的地方。八股取士也不例外，以科举制为基础的八股文只是针对试卷上的文章，以客观存在为准绳，避免了许多歧视性的主观因素，因而更加公平公正，选人途径也更为宽泛。因而，在相当一段时期内，八股文取士像一把筛子，为明朝选出了许多真正优秀的人才。

比如与张居正同科成为进士者有李春芳（一甲第一名）、殷士儋、王世贞、汪道昆、王宗茂、凌云翼、陆光祖、宋仪望、杨继盛等赫赫有名的人物。朱东润先生在《张居正大传》中精彩地描述：“第一流的首相，第一流的文人，立功边疆的大帅，弹劾权幸的忠臣，可算得人甚盛。”

第六章
才华初现

奇怪的落榜

张居正中乡试的第二年，也就是嘉靖二十年（1541），也是会试的这一年，这次张居正居然没有参加考试。按明代的制度，乡试的次年便是会试，新科的举人都要入京。也许张居正因为年龄太小，就没有去。

到嘉靖二十三年（1544），张居正入京会试，这次却失败了。他曾说到失败的原因："夫欲求古匠之芳躅，又合当世之轨辙，唯有绝世之才者能之，明兴以来，亦不多见。吾昔童稚登科，冒窃盛名，妄谓屈宋班马，了不异人，区区一第，唾手可得，乃弃其本业，而驰骛古典。比及三年，新功未完，旧业已芜。今追忆当时所为，适足以发笑而自点耳。甲辰下第，然后揣己量力，复寻前辙，昼作夜思，殚精毕力，幸而艺成。然亦仅得一第止耳，犹未能掉鞅文场，夺标艺苑也。"（书牍十五《示季子懋修》）

在这封张居正在后来给儿子张懋修的信中，他回顾往事，从中我们可以看出他的详细检讨：由于小小年纪就轻易地取得秀才、举人功名，他有些忘乎所以，以为进士及第"唾手可得"，加之对应付科举考试的"制艺"不屑一顾，对"治国平天下"紧密相关的政治实务兴趣浓厚，于是放松了科举本业"四书""五经"的钻研，将精力转向了西汉的一些政论文。因为沉醉于对汉代政论文治国之道的研究，所以疏忽了对八股文形式上的训练，这就是张居正第二次落榜的真正原因。于是他幡然醒悟，重新回到"应试教育"的轨道，埋首于"四书""五经"。

再次赶考，终入“进士题名碑”

嘉靖二十六年（1547），张居正再行入京会试，会试以后，再入殿试。这次张居正成功了，中二甲进士，被分配到翰林院担任庶吉士。翰林院是负责编写历史和管理图书的中央政府部门，看似清闲，实际在明朝的政治体制中至关重要。明朝文学与政治人才，往往集中于翰林院，所以翰林院为储备人才的地方，事实上进入中央政府内阁（中枢部门）的官员也大多是翰林出身。

庶吉士在明初设立，从新科进士中选择文章书法好的担任；开始时，分设于六科，永乐后专属翰林院。殿试后授翰林院庶吉士的人称为“点翰林”。庶吉士在翰林院相当于没有官品的实习生，主要学习、研讨诗文，或钻研朝章国故。新科进士经过庶吉士阶段，才可以授予有品级的官职。庶吉士在翰林院中称“馆选”，学习三年，期满考试后分发任用，称为“散馆”。优秀的庶吉士授编修、检讨等，其余人分别任官。庶吉士出身的人升迁很快，英宗以后，朝廷形成“非进士不入翰林，非翰林不入内阁”的局面。人们便把庶吉士看作“储相”，也就是内阁的人才储备处，内阁大学士的候补队伍。

《明史·选举志》言：“成祖初年，内阁七人，非翰林者居其半。翰林纂修，亦诸色参用。自天顺二年，李贤奏定纂修专选进士，由是非进士不入翰林，非翰林不入内阁，南、北礼部尚书、侍郎及吏部右侍郎，非翰林不任。而庶吉士始进之时，已群目为储相。通计明一代宰辅一百七十余人，由翰林者十九。盖科举视前代为盛，翰林之盛则前代所绝无也。”

徐阶成为张居正的老师

张居正入选庶吉士，他的老师是严嵩、徐阶。徐阶当时以吏部左侍郎身份兼任翰林院掌院学士，职责之一就是教育辅导那些庶吉士，也就相当于是常务副校长，所以自然是张居正的指导老师。

徐阶是松江华亭人。《明史·徐阶传》记载，徐阶是以进士及第，全国第三名，也就是探花的身份进入官场，先是授翰林院编修。徐阶刚入官场时年轻气盛、意气风发、锋芒毕露，喜欢发牢骚、议论是非。嘉靖皇帝后来心血来潮，要彻底整顿风气，竟然废去孔子“大成至圣文宣王”的称号，只称为“至圣先师”，徐阶十分不满，立即跳出来，用激烈的言辞反对内阁首辅张璁迎合嘉靖皇帝崇道教贬抑孔子的主张，既批评首辅，也批评皇帝。这一举动不但惹恼了嘉靖皇帝，而且得罪了内阁大学士张璁。徐阶虽然很有才，却还是没有好果子吃，被贬到边远地区做了个小官。徐阶被贬为福建省延平府推官，专管当地的司法以及各类刑事案件；且福建延平府位于闽北地区，多山区，在当时可谓穷山恶水，在那里办公轿子是肯定没法坐的，经常要骑马，由于推官这个岗位决定了他要经常外出，状况就可想而知了。当时延平府的大案要案频发，司法官员要么徇私舞弊，要么磨洋工、出工不出力，徐阶面对这种情况，本着二十多年学的四书五经、道德圣贤之言，始终自信地一切由自身出发，刚正不阿、雷厉风行，遵守礼义廉耻，修身齐家治国平天下，何况区区延平府的大大小小的刑事案件。正因有如此的想法，经过一个月的努力，徐阶终于处理完了积压的繁杂案件，该判的判，该放的放，延平府治安一片清净，他的威望也由此大增。他裁撤贪官、不作为官员，府内官员的政治操守也慢慢改正。特别是当时延平多盗，他到任后捕巨盗一百余人，清理积案，释出系囚，赢得声誉，升为黄州同知，后又擢为浙江按察佥事，进江西按察副使，并主浙、闽二省学政。不久徐阶又被奉调回京，任京官；又因直言被贬官。经历挫折后，徐阶收敛锋芒谨慎起来，变得圆滑老练。

但徐阶却重视经邦济世的学问，也特别赏识张居正。嘉靖二十六年（1547），徐阶来到了翰林院，成了掌院学士。他的第一个使命是教育去年刚刚考进来的庶吉士。一般说来，翰林院的掌院学士是不会理会庶吉士的，最多不过是在入学时见个面，训几句话。但徐阶依然保持了他的传统作风，抽出时间，挨个儿找庶吉士谈话。当然了，他的目的绝不仅仅是鼓励他们认真学习。正是在这一系列谈话中，张居正给徐阶留下了深刻的印象。他的谈吐和见识，还有无与伦比的聪慧，都让徐阶惊叹不已。

在徐阶的引导下，张居正努力钻研朝章国故，沿着太祖的规制，分析现实危机，分析历朝兴衰，对治理国家有了初步认识和思考，为他日后走上政治舞台打下了坚实的基础。

第七章
内阁较量

嘉靖上位

张居正入仕是在历史上著名的嘉靖皇帝时期。明世宗朱厚熜，是明宪宗朱见深之孙、明孝宗朱祐樘之侄、兴献王朱祐杬之子、明武宗朱厚照的堂弟，明朝第十一位皇帝，年号为“嘉靖”。

世宗朱厚熜原来只是兴王，正德十五年（1520），南巡江南的明武宗在回京途中不慎落水，一病不起。正德十六年（1521）正月初九，监察御史郑本公上疏明武宗尽快选定继承人执掌东宫，以免朝廷动荡。农历三月十四日，明武宗于豹房驾崩，年仅三十一岁。

本来父死子继，可是武宗没有儿子，于是第一个程序——正常继承被阻断，只能走第二种程序——兄终弟及，而武宗唯一的弟弟朱厚炜幼年夭折，于是继承人问题成为摆在内阁面前的棘手难题。

内阁首辅、吏部尚书、武英殿大学士杨廷和援引《皇明祖训》：“凡朝廷无皇子，必兄终弟及，须立嫡母所生者。庶母所生，虽长不得立。若奸臣弃嫡立庶，庶者必当守分勿动，遣信报嫡之当立者，务以嫡临君位。朝廷即斩奸臣，其三年朝觐，并如前式。”于是上推至武宗的父亲明孝宗一代。孝宗是明宪宗的第三子，其两名兄长都早逝且无子嗣，遂以孝宗四弟兴王朱祐杬的世子朱厚熜入京即位。这就是历史记载的“廷和举《皇明祖训》示之曰：‘兄终弟及，谁能渎焉。兴献王长子，宪宗之孙，孝宗之从子，大行皇帝之从弟，序当立。’”于是朱厚熜十六岁的时候，张太后（明武宗的母亲）和内阁首辅杨廷和决定，由朱厚熜自安陆兴王府入京继承皇位。

嘉靖帝即位后下令群臣议定正德帝的谥号、生父的主祀以及封号。以内阁首辅杨廷和为首的朝中大臣援引汉朝定陶恭王刘康（汉哀帝生父）

和宋朝濮安懿王赵允让（宋英宗生父）先例，认为嘉靖帝应该将兴献王改称“皇叔考兴献大王”，母妃蒋氏为“皇叔母兴国大妃”，祭祀时对其亲生父母自称“侄皇帝”。嘉靖立即拒绝，坚持遗诏只是嗣皇帝，不是嗣皇子。嘉靖即位以后，为了追尊父亲兴献王的事情，和大臣发生许多争执。

大臣们都觉得按照朝廷的礼法，嘉靖人虽然依照兄终弟及的祖训，被拥立为皇帝，那是没办法才让你来当这个皇帝的。原本是把你看作先帝弘治皇帝的过继子，而不是将皇权让给你这一脉，因此你必须按规矩出牌：要跟着武宗皇帝，尊孝宗为父，也就是嘉靖的伯父，尊其为太上皇，称嘉靖自己的生父为叔父。

可是嘉靖听了大臣们的意见后不干了。按他的逻辑来说，只要我是皇帝，我爹当然就是太上皇！很多大臣都觉得如果按照嘉靖的搞法，得乱了祖制，反对声音最大的是首辅杨廷和。于是，嘉靖就跟这帮大臣们拧上了，导致君臣之间矛盾日益尖锐，新皇帝与旧大臣进行了一场持久的较量。在僵持中，嘉靖见软的不行，就来硬的，整出一种叫“廷杖”的刑罚，也就是在朝廷之上把反对的人脱了裤子打屁股。谁跟他较劲，他就打谁屁股。不过他越打人屁股，跟他较劲的人就越多。

张璁脱颖而出

年轻的小皇帝一心想把自己的老爸立为太上皇，可说服不了大臣，此事也办不成。光靠怄气、打嘴仗，就像小孩过家家，他如何奈何得了这些大臣？！所以，他想笼络一帮赞成自己的人，依靠这些人与反对者抗衡。

俗话说“天无绝人之路”，正当小皇帝苦于孤立无援时，老天为他送来一位排忧解难、治国安邦的异人——张璁。历史上评价张璁就是靠着这件事情登上历史舞台的。顶着破坏祖制的帽子，冒着身败名裂甚至杀头的危险，张璁力挺嘉靖皇帝的决定。

张璁（1475—1539），字秉用，号罗峰，浙江温州府永嘉三都（今温州市龙湾区）人，明朝嘉靖年间重臣，“大礼议”事件中的重要人物。嘉靖初年新科进士，属于大器晚成，耗费二十余年，连考七次而不中。功夫不负有心人，或许他坚持不懈的毅力感动了苍天，第八次赶考，他终于金榜题名。可岁月不饶人哪，这时他已是四十七岁，快到了知天命的年龄。按照正常的管制升迁程序，他因擅长礼学被派往礼部“实习”，以谙练政体，成为观政进士。

张璁绝非安分守己之人，在仕途上本来就比别人晚了一步，如果整天再跟一些二十来岁的小伙子一样，希望熬出点什么，几乎毫无希望。

为此，张璁进礼部不久就开始寻找机会，琢磨是否有一条快速升迁之路。这时，适逢嘉靖皇帝因“大礼议”之事与群臣们较劲。皇帝毕竟是万人之上，大臣们再反对也很难扳动皇上。尽管皇帝与大臣暂时像个死结一样僵在一起，但僵局一旦被打破，一场暴风骤雨马上来临。他预感到局势一触即发，缺少的正是一个引爆点，那自己就做这个引爆人吧。

他在朝上公开说，你们这帮大臣都太迂腐了，皇上不就是要给他那死去的爹一个太上皇的封号吗？封号不过就是个漂亮的外号。你说你们这帮大臣放着国家大事不做，跟皇帝较什么劲呢？同时，他还带着席书、桂萼等一群中下级官员支持嘉靖帝。

正德十六年（1521）七月初三，新科进士张璁揣摩上意，上《大礼疏》支持嘉靖帝。他认为嘉靖帝即位是继承堂兄武宗的帝位，而不是伯父孝宗的帝位；是继承皇统，而非继承皇嗣，即所谓“继统不继嗣”。张璁建议嘉靖帝以生父为考，在京师为兴献王立庙。嘉靖帝得疏后大喜，并立即下令尊己父为兴献皇帝，母为兴献皇后。张璁还说“皇上此举是大孝，如今您继承了大统，就应该这样做”。对礼学深有研究的张璁急于表现自己，不惜拿出了自己的看家本事，不费吹灰之力就写了这样一篇奏折，从礼、孝方面来鼓动嘉靖。此言正中嘉靖下怀，为自己找到了思想武器。嘉靖想，这下我终于有法子对付这些老顽固了。一天，嘉靖在张璁、桂萼、方献夫等人的协助下，与反对派们展开了激烈的争论，由此开始了以内阁首辅杨廷和等为一方，以嘉靖帝和张璁、桂萼等为另一方的“大礼议”之争。

起初，在内阁、言官的联合施压下，新登基的嘉靖帝不得不妥协，尊孝宗为皇考。史载：“无何，帝御文华殿召廷和、冕、纪，授以手敕，令尊父母为帝后。廷和退而上奏曰：‘《礼》谓为所后者为父母，而以其所生者为伯叔父母，盖不惟降其服而又异其名也。臣不敢阿谀顺旨。’……帝不得已，乃以嘉靖元年诏称孝宗为皇考，慈寿皇太后为圣母。兴献帝、后为本生父母，不称皇。”但嘉靖帝并没有死心，这为以后他翻旧账埋下伏笔。

杨廷和辞职

由于风头太盛，暗流涌动中，一个巨大的潜在危机正在向张璁靠拢。张璁也马上遭到一些旧臣抨击，很多人想置他于死地。一个新科进士竟敢与朝廷重臣叫板，在官场混迹多年，这些文武大臣岂能那么容易善罢甘休？带头倒张的是首辅杨廷和。

杨廷和（1459—1529），字介夫，号石斋，四川新都人。其父杨春，官曾高居提学佥事。杨廷和自幼聪慧，读书用功，十二岁举于乡，明宪宗成化十四年（1478）殿试居第三甲，赐同进士；先后为官宪宗、孝宗、武宗、世宗四朝，可谓四朝元老。在武宗、世宗时期，杨廷和担任内阁首辅，权倾天下，嘉靖也忌惮几分。杨延和也不是盏省油的灯，他抓住一切机会，利用手中权势排斥异己。

这个初出茅庐的张璁也许会成为他日后的绊脚石，这次何不乘此机会除掉以断后患？他授意吏部把这个不知天高地厚的家伙调离京师重地。

将皇帝身边的红人调离京师，这是需要皇帝点头的。这样一件难事，在一班权势旧臣手中很快达成了；再加上一些软骨头慑于杨廷和的权威，害怕受到权臣排挤，因此唯杨阁老马首是瞻，极力排斥张璁等人。

尽管张璁有初生牛犊不怕虎的冲劲，毕竟势单力薄，后来留都南京，做个清闲的刑部主事。

张璁临行前，杨廷和特意前来相送，其实是向他公然挑战：“你本来没资格去南京做官的，多亏我雍容大度。姑且安静等待，别再拿礼议之说和我为难!”

嘉靖三年(1524),羽翼渐丰的嘉靖帝召还三年前被杨廷和贬至南京的张璁、桂萼等人,形成了以张、桂为中心的支持、奉迎嘉靖帝的“议礼派”。他们将此事当作起家的政治资本,因而重新挑起议礼之争。湖广总督席书、吏部员外郎方献夫等也上疏提出“继统不继嗣”之论,嘉靖帝遂正式下令恢复旧称,伯父仍称伯父,父亲仍称父亲。

无奈之下,杨廷和以致仕作为最后的抗争,以辞职来威胁嘉靖皇帝。这招是他的撒手锏,曾多次以辞职威胁在位皇帝。武宗由于长期不理朝政,只顾到处游玩,大同、宣府、延绥总有皇帝的身影,致使朝廷大事多有缺失。杨廷和多次相劝,不停地上奏,但武宗一概听不进去。杨廷和因此而心情忧郁,产生怠意,几次称病请求告老还乡,武宗都不答应。

而此时的嘉靖皇帝可不是以前的武宗。他执政果敢、雷厉风行,有明太宗朱棣的影子。自登基以来,他早已经厌恶杨首辅的处处牵制,此时地位已稳,便顺水推舟同意杨廷和的辞职。

杨廷和这次是赌输了,“赔了夫人又折兵”。就这样,他于嘉靖三年(1524)正月离开了宰相之位,回家养老去了。

杨廷和罢归故里后,嘉靖并没有怠慢他,毕竟他没犯什么大错,按照常例供给他车马、钱粮、护卫人员。嘉靖八年(1529)七月二十五日,杨廷和卒于老家四川新都。

张璁上位

杨廷和罢归故里引起旧臣的恐慌,他们聚在一起商量,干脆除掉张璁:“这小子在朝,我大明必将暗无天日。诸位元老,我们必须设计用酷刑弄死佞臣!”在嘉靖的竭力保护下,张璁逃过一劫。

嘉靖三年七月十二日(1524年8月11日),朱厚熜诏谕礼部去掉父母尊号中的“本生”,十四日为父母上册文,祭告天地、宗庙、社稷,群臣哗然。

群臣开始给嘉靖帝施压。七月十五日,包括九卿二十三人、翰林二十人、给事中二十一人、御史三十人等共二百二十多名朝廷大小官员跪伏于左顺门，声嘶力竭地吼着“千古纲常和国家命脉，濒于毁灭”。他们的话还没说完，就放声大哭，据说金銮殿上的瓦片都被巨大的哭声震得颤动。

吏部左侍郎何孟春愤慨道：“宪宗朝，百官争慈懿皇太后葬礼而痛哭于文华门，宪宗听从，这可是国朝过去的规矩呀！”杨廷和之子、翰林院修撰杨慎也称：“国家养士百五十年，仗节死义，正在今日。”

刚执政没几年的嘉靖皇帝哪见过这等场面，先是好言劝慰，命司礼监太监传旨：“众位爱卿别太激动了，回家休息吧，明天还要上朝呢！”没想到，群臣不吃这套，仍跪伏喧呼，企图迫使皇帝屈服。皇帝被他们折磨得失去理智，勃然大怒：“给朕逮捕哭声最大的官员，投入锦衣卫诏狱，廷杖伺候！”

在僵持中，嘉靖帝见软的不行，就来硬的。此次有十六人被活活打死；幸而不死者众多，但都受到不同程度的惩罚：轻则革职为民，重则流放充军。

七月十六日，嘉靖帝为母亲上尊号“本生圣母章圣皇太后”。七月二十日，嘉靖帝下令将“左顺门事件”中四品以上的官员停俸。“左顺门事件”成为“大礼议”的转折点，此后反对议礼的官员纷纷缄口，为时三年的“大礼议”终以嘉靖帝获胜而告终。同年九月，嘉靖帝更定大礼，改称孝宗为皇伯考，生父为皇考。嘉靖五年，为“献皇帝建世庙于太庙之左”。嘉靖七年，颁布《大礼集议》和《明伦大典》，备述议礼诸臣建议始末，以垂戒后人，并定议礼诸臣之罪。嘉靖十五年，将世庙改称“献皇帝庙”。嘉靖十七年，为其父上尊号“睿宗知天守道洪德渊仁宽穆纯圣恭简敬文献皇帝”，又尊封祖母邵氏（明宪宗贵妃）为“寿安皇太后”，孝宗皇后张氏为“昭圣慈寿皇太后”，武宗皇后夏氏为“庄肃皇后”，“大礼议”事件至此最终结束。

强权压倒纲常，事情进展很顺利，结果也很满意，嘉靖在张璁、桂萼、方献夫等人的协助下，与反对派诸位大臣争论了若干年后最终取得胜利。张璁因支持皇帝议礼有功，其忠诚令嘉靖皇帝十分满意，因而得到重用，很快登上了人生巅峰，官居一品，入阁拜相，六年之内就走完别人二十年都未必完成的奋斗历程。与此同时，张璁的左膀右臂——桂萼、方献夫也追随他的脚步，以吏部尚书兼武英殿大学士入阁参与机务。

尽管张璁在这场政治斗争中比较投机，扮演了不光彩的角色，但他作为新晋官员，尚未在官场大染缸中沾染陋习，具有革除弊政的勇气。他秉公办政，锐意进取，辅佐嘉靖皇帝在政治、经济、文化等领域都推行了一系列革故鼎新的政策，并因清廉奉公，被赐称为“太师”。

后来的张居正与他颇有相似之处，提倡的一些政治、经济改革措施也都是张璁政策的继续贯彻和执行。可见，张居正受张璁的影响很大。

明末文豪李维祯对此有这样一段言论：“继公（张璁）而兴，阁臣有江陵（张居正）与公姓同、谥同，元辅相少主同，锐意任事同。公得君诚专，为众所侧目，杌陧不安。身后七十余年，名乃愈彰。”

说说嘉靖皇帝

“大礼议”以嘉靖帝的皇权高压而结束。在议礼的过程中，嘉靖帝逐步体会到了皇权的至高无上，皇权专制得到加强；而自仁宗、宣宗以来不断强化的内阁权威被削弱，此举也使得嘉靖帝独断专行，严重动摇了明朝的统治基础。此后士风渐趋圆滑，朝政日益腐败，也将嘉靖皇帝复杂的特殊性格展现得淋漓尽致。

嘉靖帝在书法和文辞修养方面都有不错的造诣，在位早期也十分勤奋，批阅奏书、票拟经常到后半夜，且英明苛察，严以驭官，宽以治民，整顿朝纲，减轻赋役，对外抗击倭寇，重振国政，开创了嘉靖中兴的局面；后期虽然好道教，不侍朝，二十多年避居西苑，练道修玄，却始终牢牢掌控着整个明朝的政治、财经、军事和民生大权，掌控着朝廷官吏。有人说他“有不世之奇谟六，无竞之伟烈四，而又有震世之独行五”，巩固了明代的统治，为隆庆新政与张居正改革奠定了基础。嘉靖帝为“中兴之主”，性格又是集任性、倔强、聪明和敏感于一体的结合体，做他的臣子也就需要面临高风险，掌握高技巧，甚至连内阁首辅也更迭频繁，随时面临灾祸降临的风险。

严嵩的飞黄腾达

严嵩给人的印象可谓一塌糊涂，可是真实的严嵩并非如此不堪；更不为人知的是，在他年轻的时候，他也是一个正直的人，在书法方面也有一番造诣。

严嵩是袁州府分宜县人，明孝宗弘治十一年（1498）乡试中举，弘治十八年（1505）会试考中二甲进士，改翰林院庶吉士，授翰林院编修，旋丁忧归里，在其家乡钤山之麓建钤山堂，隐居读书八载。

但隐居十年之后，他终究还是答应了一个人的邀约，再次出山为官。并非他出尔反尔，只是因为这个人他无法拒绝。此人就是当时的内阁首辅杨廷和。在严嵩看来，杨廷和是朝廷的支柱；在杨廷和看来，严嵩是难得的人才，而更为重要的是，十年前的那场会试，杨廷和点中严嵩的卷子，对他赞扬有加，并成为他的老师。

正德十一年（1516），严嵩还朝复官。复官之初，严嵩对朝政多持批评之论。对于武宗的许多做法，他也持批评态度。正德十六年（1521），世宗即位几个月之后，严嵩升南京翰林院侍读，署掌院事。嘉靖四年（1525），严嵩升国子监祭酒，又由南京回到北京。在最显贵的翰林院任职，严嵩不再棱角分明，开始变得圆滑内敛，态度审慎。与批评正德朝政相比，这时的严嵩在为官做人方面有了明显的变化——他将利禄看得重了，常说起“禄不逮养，学未有成”之类的话。

嘉靖七年（1528），严嵩以礼部右侍郎步入上层官僚的行列，被嘉靖帝派往湖广安陆（今湖北钟祥）监立显陵碑石。还朝后，严嵩上了两道奏疏：一道奏疏叙述了河南灾区的情况，另一道奏疏叙述了途中所见祥瑞。一呈祥瑞、一报灾异，反映了严嵩既有阿谀圣上的一面，又有关心民情的一面。两篇奏疏都得到了好的结果。

此后的几年里，严嵩先后改任户部、吏部侍郎。嘉靖十一年（1532），严嵩升南京礼部尚书，两年后改南京吏部尚书。嘉靖十五年（1536），严嵩赴京朝觐，被嘉靖帝留下，任礼部尚书兼翰林院学士。由于嘉靖帝对议礼的重视，礼部尚书在部院大臣中地位尤其显赫，往往成为进入内阁的阶梯。严嵩和嘉靖帝的接触变得频繁起来。

严嵩的文笔也好，早年与文坛上著名的“前七子”（李梦阳、何景明、徐祯卿、边贡、康海、王九思和王廷相）互相唱和，还特聪明，十分用心琢磨皇帝喜欢的青词，后来终于写出一手漂亮的青词，再加上他又特别听话，勤勉加上温顺，自然博得了嘉靖帝的好感。之后他就成了内阁次辅，也就是副宰相，直接由南京调任北京，从此他的权力达到了巅峰。

严嵩能取得嘉靖皇帝的好感，除了善于阿谀逢迎，表现得特别听话、勤勉温顺外，其文采也为他添了浓重的一笔。

对夏言先攀附后打击

严嵩的这些行为令当时的内阁首辅夏言非常不满。在夏言眼里，严嵩就是个不入流的小人物，只会吟诗赋词讨好皇上，就和宋代高俅踢球当上太尉一个德行，让人不服。

夏言，正德十二年（1517）考中进士，史上有言“豪迈强直，纵横辩博”，即夏言是个天才，口才好，文笔好。夏言初授行人，后任兵科给事中。兵科给事中主要是按照内阁首辅大臣杨廷和的指示，清查北直隶皇亲国戚霸占民田的劣迹。

嘉靖帝继位后，夏言疏陈武宗朝弊政，得到嘉靖帝的赏识。在“大礼议”事件中，因和张璁等人力挺嘉靖而受宠，升至礼部尚书兼武英殿大学士，入参机务，不久又擢为首辅。

夏言以正直敢言闻名朝野，最著名的有三次进言。正德以来，皇上很少亲自批阅大臣的奏折，大都是内阁代为批阅，因此逐步形成了内阁权力过大、皇权被一步步束之高阁的尴尬局面。为了解决这一弊端，在嘉靖继位之初，夏言立即上书进言，要求皇上每天亲自批阅奏折，说：“自正德（1506—1521）年间以来，上下消息不通已达极点。现在陛下刚开始办理各项政务，请于每日早朝以后，亲自到文华殿批阅奏章，召内阁大臣当面商量决定，如有关重大利害的事情，则下达给全体大臣集中商议。不应和身边宦官商量后就直接从宫中发出圣旨。即使是陛下所做出的取舍，也定要下到内阁，经讨论后实施，以杜绝为人蒙骗或弄虚作假的弊病。”

第二次进言，是他认为皇帝身边的侍卫过多，和平年代不需要那么多的守卫人员，为给国库减负，他建议皇上首先裁减身边的侍卫及京城卫队的冗员。为此，他先后多次上书，陈述九条意见。正是在他的建议之下，当时京城的守卫人员首次裁汰达三千二百人，京城治安秩序因此得以稳定。

在弹劾贪官污吏上，他也是敢于直言的。他和御史樊继祖等外出清理庄田，发现宦官赵灵、建昌侯张延龄肆意侵吞民产。返朝后，他就上奏，要求严惩元凶，前后上书七次。对此，嘉靖帝大为赞赏，他的这些意见都被采纳。

夏言受赏识的另一个重要原因是嘉靖热衷道教的程度越来越严重，近乎痴迷，平常不上朝，也不住皇宫，而是住在一个叫西苑的地方，整天就琢磨着怎么长生不老，经常要搞祭天的仪式。在这个祭天的仪式中，有个重要内容是要火化青词。如果要评选明代最难写的文章，答案绝不是八股，而是青词。

青词的文体特点是全用赋体、词句华丽，写作难度极高。因为写作时要使用专门的青藤纸，所以叫青词。青词是修道祭天时用的，具体方法是写好后烧掉，主要内容除了陈述个人愿望外，还兼议论叙事，其笔法十分玄乎，经常搞得人莫名其妙。不过内容看不看得懂也无所谓，反正是写给神仙看的，写完就烧，也不留档。

青词就像是嘉靖帝向玉皇大帝或者太上老君写的思想汇报。但这个汇报可不好写，要有隐语，因为天机不能明说；还要写得特别美，用诗化的韵文语言，所以特别难写。但夏言文笔好，对青词这种命题作文也很在行。这样的一个人，嘉靖是离不开的。

顾鼎臣（与严嵩同年科举，夺得状元）虽然写青词也写得很好，却是一个不懂政治的人。他虽然入阁，却完全无法和夏言对抗。嘉靖二十六年（1547），内阁大学士只有夏言、严嵩二人。

原本夏言与严嵩的关系没那么僵，因为他俩年龄相仿，同出江西，算得上同乡，而且夏言进内阁早，对严嵩还有提携之恩。夏言于嘉靖十五年（1536）入阁，不久成为首辅，还保荐严嵩接任礼部尚书。

严嵩虽然受恩于夏言，但没有一丝感恩之心。他们的关系十分微妙——看似平静，实则危险。对此，两人心知肚明。严嵩机深谋远、能屈能伸、能荣能辱、能人能鬼，有时谦卑到令人作呕。严嵩表面上对夏言百般讨好，其实背后经常给夏言下绊子。

而夏言性格疏放、态度倨傲，几乎有点不近人情，视严嵩如草芥，根本不把他放在眼里。据《明史》记载，严嵩请夏言赴宴，亲携书启到相府，夏言不让他进门，他就跪在门口，将邀请函高声诵读一遍。

夏言虽然很清楚严嵩的为人，但从来不把严嵩放在眼里。

《明史·夏言传》里说他平常在内阁，对严嵩是“直陵嵩，出其上，凡所批答，略不顾嵩”，也就是他非常鄙视严嵩，什么国务公务，自己说了算，就当严嵩不存在。夏言曾经在官场上三起三落，可每次官复原职后都能成为严嵩的顶头上司，这让严嵩感觉很憋屈。

严嵩平时显得低调，骨子里却是睚眦必报。他表面对夏言很恭敬，但面对夏言这个“拦路虎”，他痛下决心要彻底移开，一心寻找种种机会陷害夏言。这样的机会终于来了。

嘉靖帝在一次祭天仪式中用荷叶做了几顶香叶冠，祭祀完后，就把香叶冠分别赐给了严嵩和夏言等众臣。第二天上朝，严嵩就戴着这顶香叶冠来了。为了向嘉靖献殷勤，他还在香叶冠外面裹了层细纱。

嘉靖看了很高兴，转头就问夏言：“你的呢？”

夏言可不会搞这一套，就像平时一样照常上朝，不但没有回答嘉靖的问题，反而对严嵩怒斥道：“堂堂朝廷，居然搞得个个道士般，成何体统。”严嵩受到批评后，不敢多言，但发现皇上也有些不高兴，便认定皇上对夏言也有怨气。

嘉靖皇帝疏远夏言还有一个重要原因，那就是对于青词，夏言写着写着就烦了，恶心了，于是开始随便糊弄。这正好给了严嵩可乘之机。

严嵩一逮着机会，就在皇帝面前狠狠打夏言的小报告，并且无中生有，大肆添油加醋。嘉靖皇帝本对夏言有些不满，经过这样的挑拨，开始疏远夏言。就这样，严嵩告了夏言几次黑状之后，嘉靖就开始不喜欢夏言了。

还有一次，夏言随嘉靖微服出巡，却没有按时到。严嵩又一次收买皇帝信任的道士，煽风点火。于是夏言被撤职，严嵩成了首辅大臣。可是由于严嵩的行为太嚣张放肆，引起嘉靖的警觉，于是嘉靖很快又将夏言官复原职，将严嵩降为次辅。

夏言的明显缺点是高傲，在朝政波谲云诡，尤其内阁一片混战互掐的环境中，后果是致命的。他连严嵩都看不起，就更看不起那些内廷的宦官了。而严嵩对皇帝身边的人就很会巴结。皇帝身边的太监到严嵩那里传个旨什么的，严嵩都会很热情地接待。他不仅经常塞钱贿赂太监，而且还跟这帮太监称兄道弟，所以皇帝在皇宫的动向他都摸得一清二楚。

在这一点上，夏言刚好与严嵩相反。他最看不起那帮不算男人的太监，彻头彻尾地把他们当奴才看；再加上严嵩偶尔不经意地一挑唆，所以这帮太监也很恨夏言。

明朝的官僚系统内，有一个非常有喜感的官职——言官。言官，顾名思义，就是说话的官，属于监察系统，在大明王朝，他们的力量庞大，尤其是到了明朝后期，他们的骂功特别强。这些人都是饱读诗书之辈，骂人的功夫极高，骂人也有典籍来历，出自某典某条。于是也有人把这些人称为“骂官”。

实际上，他们是明朝监察制度的产物。朱元璋建立明朝初期，仿照元朝制度，建立了御史台。到了洪武十五年（1382），朱元璋将其改名为都察院。都察院的长官是左、右都御史，这个官名大家在电视上经常可以听到，而都察院的主要骨干是都察御史。这些都察御史共有十三道，以当时的十三个省区分，共有一百一十人，这些人权力极大，什么都管。由于他们平时并没有什么具体的事务要处理，就整天到处转悠，不是去兵部查吃空额，就是到刑部查冤假错案，办事的官员看到他们就怕。

朱元璋在创立国家机构的时候，考虑到丞相权力太大，撤销了丞相，将权力交给六部；朱元璋连睡觉都要睁只眼，后来一琢磨，觉得六部权力也大，怕人搞鬼，又在六部设立了六科，这就是后来的六科给事中。六科的领导，叫作都给事中，俗称科长，下属人员也不多，除了兵部给事中有十二个人之外，其余的五个部都在十人之内。这帮人的品级也低，科长才七品，下面的人就更不用说了；但他们的权力却大到让人匪夷所思的地步。都察院的御史就更不得了，一天到晚找碴，从谋反叛乱到占道经营、随地大小便，只要是个事，就能管。

为了防止他们徇私枉法，朱元璋想了一些很绝的方法来规范御史的行为：首先，挑选御史的时候，专门找那些书呆子、认死理的道学先生去干这行，因为这工作得罪人，捞不到钱，而道学先生是最合适的人选；其次，用以小制大的方法，这些御史都是七品官，可以说是芝麻官，赋予他们监管长官的权力，就使得长官不敢过于张狂。有个官名叫八府巡按（周星驰电影里出现过），大家乍一听，八府的巡按，官一定很大，其实这就是个芝麻官，往往是朝廷临时委派监察御史担任的，就相当于所谓的特派员，官极小，但权极大。

如果他们认为以皇帝名义发出的敕令有不妥之处，那么他们可以将敕令退回！而皇帝交派各衙门口办理的事件，由他们每五天检查督办一次，倘若有拖延不办或是动作迟缓者，他们就要向皇帝打小报告，各部完成任务，还要乖乖地去六科销账；此外官员年终考核，这些给事中进行审核。

自古以来，就有言官的设置。他们不管具体事情，任务就是提意见，而历来的封建王朝也形成了一个传统——不杀言官。历史上无论多昏庸的皇帝，也很少有胆量敢杀言官的。所以在朝堂上经常出现这样一种情况：言官在下面说皇帝的不是，一点不给皇帝留面子，而皇帝也拿他们无可奈何。

在严嵩的一系列运作下，这些言官竟然也站到了反夏的阵营。

夏言被处死

此时的夏言已经岌岌可危，一股涌动的暗流随时可能把他吞没。夏言虽然有些刚愎自用，但是在经过几次事件后，也开始提防着严嵩，甚至面对风谲云诡的局面，预感形势已经不可逆转，为了对抗严嵩，决定把徐阶拉入内阁。徐阶也不是个简单的人物，在嘉靖年间的内阁政坛争斗上也是不可忽视的一个人。

夏言毕竟是个光明磊落、心直口快的人，不想暗箭伤人，也不想用阴谋诡计，加上一心为国事而操心，并没觉察到嘉靖对自己态度的变化，也没想到严嵩的工作已经做得很深入。

夏言还是一如既往、兢兢业业地做他的宰相工作。在追尊父亲兴献王的事情上，嘉靖皇帝虽然得到夏言支持，但这件事却使嘉靖帝以为大臣都是故意和自己对立，加上性格多疑，对夏言并不是百分百信任。其实，在高度集权的封建社会，君臣关系的敏感变化并不新鲜，比如宋神宗开始极力支持王安石，最后却发生动摇。而夏言与嘉靖皇帝的关系远远达不到宋神宗与王安石的亲密程度。可是夏言的光明磊落让他自己忽视了这些君臣之间敏感关系的变化。

自明代开国起，直到神宗中世，国家的边患只在北面的元代后裔。最初鞑靼骑士未入河套，英宗天顺六年（1462），鞑靼进入河套，将河套作为给养地，并从河套出击，进攻明朝边境。孝宗弘治十年（1497），设总制领陕西三边（陕西省甘肃、延绥、宁夏三边）军务。第一任三边总制王越曾经主张以十五万大军穷搜河套，没有得到实施。武宗正德三年（1508），三边总制杨一清主张收回河套，也没有落实。嘉靖十九年（1540），改总制为总督。嘉靖二十一年（1542），曾铣任兵部侍郎，总督陕西军务，以数千之兵拒敌塞门，命参将李珍偷袭敌军马梁山大本营，俺答腹背受敌，溃不成军。曾铣上《请复河套疏》，修筑大同西路、宣府东路边墙，主动出击河套，俘敌千计，拒绝俺答求和。嘉靖二十五年（1546年）秋，被夏言一手提拔上来的陕西总督曾铣，提出武力解决鞑靼屡次侵犯河套地区的问题。夏言对此很支持，并上书嘉靖。嘉靖帝对收复河套信心不足，首辅夏言支持曾铣再上《重论复河套疏》。

与此同时，夏言的岳父也提出出兵河套、收复失地的想法。这是因为夏言的岳父和曾铣私下里是很好的朋友，知道曾铣决心收复失地的迫切之心。

嘉靖听了翁婿俩的意见，表示支持。但由于自英宗以来明王朝被鞑靼给打怕了，所以在这件事情上嘉靖表现得反复无常，最终也没拿定主意。

严嵩知道这件事情之后，敏锐地看到机会来了：这不是要聚众造反吗？曾铣、夏言以及他的岳父，这是什么关系？到时候，他们钱、权、兵都有了。于是，严嵩便抓住这一点大做文章，在嘉靖面前煽风点火。

他通过太监做内应，了解到嘉靖始终没有下决心出兵收复河套，之所以没直接拒绝就是不想驳夏言的面子。就在嘉靖摇摆不定时，严嵩抓住这个机会，为置政敌夏言于死地，向嘉靖进言收复河套会“轻启边衅”；并串通败将仇鸾，诬告曾铣掩败不奏，克扣军饷巨万，贿赂夏言，意求加官晋爵。严嵩乘机诬告夏言与曾铣内外勾结，是要借收复河套谋取私利，陷国家于危机之中。嘉靖似乎恍然大悟，说辞尽管如此荒谬，嘉靖仍信了。

嘉靖二十七年（1548），曾铣先以误国、通敌、贪污等罪名被抓。此时，蒙古军队进入河套，声势浩大。严嵩趁机进谗言：这次蒙古军队进入河套，完全是曾铣挑衅引起的。严嵩心腹仇鸾与万镇诬告曾铣欺上瞒下，克扣军饷。嘉靖十分生气，下令处死曾铣。

其实，这确实是夏言犯了一大忌。封建社会，皇家大权独揽，最害怕重臣联合起来反对自己。夏言联合亲信、岳父，还要兵马，是何居心？对此，皇帝再英明也难免会起疑心。可是夏言的光明磊落让他忽视了这些。

曾铣被处死之后，蒙古军队长驱直入，继续南犯。严嵩仍不松口，继续诬陷夏言，说这一切都是夏言导致的，因为夏言暗中联合曾铣收复河套，引起外敌进犯。严嵩上书要求速捕夏言。

当时，夏言正在回北京的途中，刚刚走到通州就收到了嘉靖要捉拿自己的消息。当来人围上去时，他并不慌张，端坐在自己的马车上，显得异常镇定：“我的罪名是什么？”

“图谋不轨。”带头的军爷厉声说道。

当他听到这四个字时，意志彻底崩溃，从马车上摔了下来，喃喃道：“我死定了！”直到此时，他才完全意识到自己的糟糕处境，可一切都晚了。

回到京城的夏言试图辩解，却没有收到任何效果。嘉靖二十七年（1548）十月，曾铣和夏言的结局被最终确定：曾铣，按律斩；夏言，弃市。弃市为死刑的一种，自商周时即有。湖北云梦睡虎地秦墓出土的竹简显示，秦时死刑种类众多，如车裂、腰斩、枭首等，其中亦有弃市。至汉朝，汉承秦制，而略加简约，死刑常法只三种，其一即为弃市。弃市为常法一直延续到南北朝时期。至隋，第一次将死刑常法定为斩、绞，无弃市。至此，弃市退出死刑常法，但仍然用于处决某些罪大恶极者。

他们的妻子流放两千里外的广西，子孙全部削职为民。曾铣和夏言以这样的结局含冤而死。

夏言和严嵩的斗争，作为新科进士的张居正是无法完全领悟的，更没有参与其中，只是在听说这件事情后为夏言感到惋惜。尽管张居正与这样的大忠臣同朝，但对其事迹还只是耳闻，没有耳提面命的经历。

第八章
特殊关系

获得严嵩好感

夏言突然被严嵩扳倒，而且遭到的不是什么勒令退休或者罢官的命运，而是杀身之祸，以内阁首辅的显赫身份被绑赴西市斩首，这让当时的官员们吃惊了。所以当严嵩取代夏言之后，依附严嵩的人一下子就多了起来。

夏言死后，严嵩又排挤了新任首辅翟銮，如愿以偿地担任了内阁首辅，开始了长达二十年的专擅朝政时代。张居正与严嵩有着极其微妙的关系。当时内阁大学士严嵩兼任翰林院院长。在明朝有个惯例，内阁首辅同时兼任翰林院院长，杨廷和、严嵩、徐阶皆是如此。因此，严嵩也名正言顺地成为张居正的老师。翰林院里设内阁公座，严嵩一切公务皆在此办理。

严嵩对张居正在翰林院的表现一直是赞赏有加，甚至让他充当自己的秘书。比如，严嵩的《圣寿无疆颂》《得道长生颂》以及《代谢赐御制答辅臣贺雪吟疏》，都是张居正代笔写的。

历史记载，在张居正的《张太岳集》中有十几篇为严嵩父子写的赞美诗，还有一些文章，有的是为了严嵩的生日庆贺，有的是过节的时候写的庆贺诗文，还有一些是代严嵩写的上奏朝廷的贺表。张居正最早的诗文就是始于这个时期。

从庆贺生日的诗文，到一些无关紧要的日子也要写庆贺诗文，再到严嵩后来甚至让年轻的张居正代自己写上奏朝廷的贺表，这可以看出张居正与严嵩的关系是越走越近的，而且严嵩对张居正也比较欣赏。

张居正因文学才华出众，帮严嵩起草过一些青词，得到严嵩的器重。嘉靖二十九年（1550），严嵩七十大寿，张居正还写了一些贺词，以及

“声名悬日月，剑履逼星缠。补衮功无匹，垂衣任独专”“履盛心逾小，承恩貌益虔。神功归寂若，晚节更怡然”之类的打油诗。在严嵩失势以后，分宜县知县替张居正经营丧事，张居正对知县说：“闻故相严公已葬，公阴德及于枯骨矣；使死而知也，当何如其为报哉？”（书牍一《与分宜尹》）

张居正第一次上书

正当严嵩春风得意、如鱼得水之时，张居正也开始在官场上崭露头角。张居正在翰林院担任编修——负责编写国史和实录的七品官职，度过了前三年庶吉士生涯，第四年，也就是嘉靖二十九年（1550），开始入朝议论朝政。张居正上朝的第一年，满怀报效国家之志，写了洋洋洒洒几千字的《论时政疏》，指出了朝廷政治的病症，关键在于皇帝沉溺道教，不理朝政，拒绝大臣的批评，导致政局日趋紊乱。他在奏疏中写“今之事势，血气壅淤之病一”“群臣百寮不得望陛下之清光已八九年”“大臣虽欲有所建明而未易进，小臣虽欲有所献而未敢言”。张居正指出当时存在五大积弊：“曰宗室骄恣，曰庶官瘝旷，曰吏治因循，曰边备未修，曰财用大匮。”张居正针对上述存在的问题，提出全面改革主张。

他还进一步指出官吏“考课不严，名实不核”，边境守备“虏骄日久，迩来尤甚，或当宣达，或入内地，小入则小利，大入则大利”，财政“国赋所出，仰给东南，然民力有限，应办无穷，而王朝之费，又数十倍于国初之时”。虽然他对改革还没有完全清晰细致的谋划，却已成为日后改革的端倪。

更重要的是他提出的问题都切中时弊，如权贵巧取豪夺聚敛财富。正德年间，大学士梁储之子在广州顺德因与人争田百余顷，杀二百余人；大学士焦芳在河南泌阳营造府第，劳役数郡百姓。嘉靖年间，将严嵩抄家后得银二百万两以上，几乎相当于国家一年的总收入；还有黄金三十万两，其他珍品无数。在江南，有的大地主占田七万顷。在朝廷，大学士徐阶一家就占田二十四万亩。明朝中叶，兼并土地的情况相当严重，突出的表现是皇族、王公、勋戚、宦官利用政治特权，以投献、请乞、夺买等手段，大量占夺土地。全国纳税的土地，约有一半为大地主所隐占，拒不缴税，严重地影响了国家收入。贵族大地主疯狂地掠夺土地，封建剥削进一步加剧，租种官田的农民生活极苦，有“一亩官田七斗收，先将六斗送皇州，止留一斗完婚嫁，愁得人来好白头”和“为田追租未足怪，尽将官田作民卖，富家得田民纳租，年年旧租结新债”的歌谣。农民产去税存和田居富室、粮坐下户的情况多所发生，处境悲惨。明朝中期后，政府的财政危机逐渐加重。洪武年间，夏秋二税米两千四百七十三万石，麦四百七十一万石。到正德初年，土地集中，赋役不均，人口流移，地方买嘱书吏，隐匿赋税，政府每年公征米两千二百一十六万石，麦四百六十二万余石。嘉靖后，税收更降到米一千八百二十二万余石，麦四百六十二万余石。但政府的支出却与日俱增。特别是嘉靖二十九年（1550），蒙古俺答汗进逼北京，政府因添兵设饷，军费大增。据户部统计，嘉靖三十年（1551），各边饷银达五百二十五万两，修边、赈济等所需又八百余万两，两项合计约一千三百余万两。而正税、加派、余盐贩卖，加上其他搜刮，总共才九百余万两。隆庆元年（1567年）底户部统计，太仓仅存银一百三十万两，而应支官军俸银一百三十五万、边饷银二百三十六万、补发年例银一百八十二万，三项通计总支出银需五百五十三万两。以当时的现银当之，只够三个月的开支，京仓存粮也只是够支在京官军月粮两年余。明王朝的财政拮据到了可怕的地步。蒙古、女真时常掠夺边塞，南方叛乱时作。黄河屡次决口，动辄漂县数十。官员倾轧，争权夺利，尸位素餐。

内阁是明朝最重要的机构，上达天子，下领百官，明朝的官员都以能进入内阁为荣。然而，在明宪宗成化年间，内阁所有大臣都被称为“纸老虎”，做事畏首畏尾。这不是因为他们害怕皇帝，而是惧怕太监导致的。不但当时的内阁大臣是这个样子，连六部大臣也是如此。当时的内阁是首辅万安、大学士刘珝、大学士刘吉。万安之所以能当上内阁首辅，不是因为他有多少拿得出手的政绩，主要是因为他巴结献媚的本领。他的主要巴结对象，就是最受皇帝宠爱的万贵妃。有了万贵妃为他吹枕边风，他的仕途一帆风顺。他不仅当上了文渊阁大学士，没过多久还成了内阁首辅大臣。万安虽然成了内阁首辅，为官却不怎么样。当时，汪直任御马监掌印太监、西厂提督，深受明宪宗信任，连禁军指挥权都掌握在手，可谓是真正的位高权重，一手遮天。汪直嚣张得不得了，看谁不顺眼，就让谁滚蛋回家去。万安的原则就是尽量不去招惹大太监汪直，任由他胡作非为，朝中大小事也都是看他脸色行事。首辅尚且如此，大学士刘珝更是大事不管、小事不看，是尸位素餐的典型。刘吉更是不得了，脸皮是最厚的。他是靠巴结皇帝、勾结宦官而混进内阁的，办事不行，多次被弹劾。但是他压根不予理睬，我行我素。所以，当时的人们讥讽内阁是“纸糊三阁老”，六部是“泥塑六尚书”。在“纸糊三阁老”的带领下，六部尚书也成了徒有虚名的人，纷纷学习阁老们的生存“精髓”，正事不都干，一时间，朝纲崩坏，朝政乌烟瘴气。

为了让嘉靖皇帝接受意见而又不因嘉靖皇帝反感而引来祸端，张居正颇费心思，语重心长地写道：“臣听说英明的君主不会憎恶臣下言辞危机的进谏，因而青史留名；仁人志士不回避杀身之祸而向皇帝直言进谏，使国事避免失误，因而功勋流芳百世。”这显示出了张居正极高的智慧，也初步显露出其强大的政治手腕。

在这封奏章中，年轻的张居正提出当今朝廷一共存在着六大弊病：一，皇亲国戚等宗室过于骄横、贪腐，同时占用了太多的资源，使得国家不堪重负，而且有尾大不掉之势，希望皇帝可以遏制宗室的力量（张居正的第一条就指明了宗室的问题，可能和他儿时与辽王的过节有关，不过这种弊病基本上还是存在的，并非无中生有）；二，官吏的任用不合理，大量官位被并不适合的人占据；三，官员贪污腐化，尸位素餐；四，朝廷的国防实力太差，北方边境的防备明显不足，鞑靼人随时都可能突破边防四处抢掠，甚至兵临北京；五，奢靡过度，贪腐不堪，国家财政入不敷出，每年都出现巨额赤字，许多重要的朝廷事务由于缺钱而无法办理；六，言路闭塞，不能及时获知朝野之中的弊病。最后他希望皇帝可以及时采取措施，改革弊政。应该说这封奏章还是比较客观的，基本较为全面地总结了当前的弊政，而且措辞比较和缓，不会引发什么政治争端，可以说是张居正试探性地上疏。

其中最醒目的是张居正向皇帝提出了自己关心已久的宗藩问题。这段文字是这样的：

> 臣闻今之宗室，古之侯王，其所好尚，皆百姓之观瞻、风俗之移易所系。臣伏睹祖训，观国朝之所以待宗室者，亲礼甚隆，而防范亦密。乃今一二宗藩，不思师法祖训，制节谨度，以承天休，而舍侯王之尊，竞求真人之号，招集方术逋逃之人，惑民耳目。斯皆外求亲媚于主上，以张其势，而内实奸贪淫虐，陵轹有司，朘刻小民，以纵其欲。今河南抚臣又见告矣。不早少创之，使屡得志，臣恐四方守臣无复能行其志，而尾大之势成，臣愚以为非细故也。所谓宗室骄恣者此也。臣闻才者材也，养之贵素，使之贵器。养之素则不乏，使之器则得宜。（节选自《论时政疏》）

这是张居正在政治生涯中第一次试手，显示出了独到的政治眼光和非凡的政治才能。刚上任，张居正打响了第一炮，得到嘉靖皇帝的嘉许。

这篇奏折说的宗藩问题，句句说到大明王朝的根上。明初朱元璋为加强对全国的统治，大封藩王，要其镇守各地；而且藩王只能是朱姓子孙，即将自己的众多儿子外派边疆，戍卫国土。然而，自从朱允炆执政后，这成了最棘手的问题。很多藩王拥兵自重，占地称王，对中央政权直接构成了威胁。尽管朱允炆大力削藩，从洪武三十一年（1398）七月到建文元年（1399）四月，先后削掉周、齐、湘、代诸王的王位，将其贬为庶民，可终究还是被强大的燕王朱棣反掉。朱棣依靠藩王势力当上了皇帝，从此改变了大明朝的命运。

朱棣执政后，他的首要大事也是削藩，因为他最清楚藩王的潜在危险。

经过几代皇帝的努力，到了嘉靖时期，藩王的势力已经大为减弱，威胁基本消除，再也没有藩王可以同皇权抗衡，也没有燕王朱棣那样的藩王存在。俗话说“一朝被蛇咬，十年怕井绳”，张居正的奏文再次提醒嘉靖帝：宗藩问题不可小觑。因为就在自己的堂哥武宗朝时期，藩王造反就有两次，最大的是宁王朱宸濠的叛乱。

朱宸濠为宁王的第四代继承人，朱元璋五世孙，宁康王朱觐钧庶子。

第一代宁王，因为军功卓著得到了大宁这片封地（今北京以北草原一带）。这是军事上一个重要的前哨基地，宁王被派往这里也是为了戍卫边关。1399—1402年的内战中，明成祖朱棣怀疑这位亲王对自己的忠诚，将其迁移到了北京，剥夺封地，将其原封地赐给了三个蒙古王，后又将宁王重新安置在江西省。天顺时期（1457—1464），第三任宁王因牵连进一桩谋反案，被朝廷剥夺了拥有卫队的权利，而且后来再也没有恢复。

弘治十年（1497），朱宸濠嗣王位成为第四任宁王。朱宸濠仗势欺人，无恶不作，随意杀戮地方官员，抢占民田。如果仅仅这些事情，他尚不足以毙命，更要命的是，他还觊觎皇位，恢复宁王已裁撤的护卫，蓄养亡命之徒，蓄谋造反。

正德二年（1507），他先后贿赂太监刘瑾、佞臣钱宁、伶人臧贤等人，希望靠奸诈之臣得到皇位。朱宸濠不是一个军人，相传他有几分文学才能，是个文艺爱好者，追求享乐。因此，他纵然有野心，但缺少策略，直到最后他依靠的仍是诡计和阴谋，军事力量甚微。

宫内太监、没落的举人都是他收买的对象，他的军队主要是南昌城内的守军。当他的阴谋被识破后，他便决定孤注一掷，起兵发难。当时，汀、赣巡抚兼佥都御史王守仁得知朱宸濠起兵叛乱，即与吉安知府伍文定等急檄各府州县，派兵前来会剿。1519年8月9日，王守仁率领部队前去镇压，计划首先攻占南昌。先头部队在1519年8月13日晚抵达南昌，次日发起猛攻。

之后王守仁在长江与宁王的主力交战。王守仁推断宁王将赶回去保卫南昌总部，但到那时宁王的部队将是虚弱而疲惫的，在激战中将处于不利地位。8月20日晨，宁王企图乘船逃跑，明朝军队赶上了他的船队。小船被烧着。宁王逃走，随即被俘，叛乱只持续了四十三天。

到了明世宗时期，宗室的骄恣有所减弱。世宗的两兄弟——徽王朱厚爝和辽王朱宪㸅，与世宗一样迷信道教，整天与一群道士厮混，没有什么远大的志向，无法对自己构成威胁。世宗封朱厚爝为太清辅元宣化真人，封朱宪㸅为清微忠教真人。

但嘉靖是个疑心十分重的人，生怕有人起来造反。这时如能有人站出来重提这个问题，说明有人替他分忧。因此，张居正此举得到嘉靖的赞赏还是讲得通的，毕竟事关朱家王朝。意外的是，严嵩父子等一帮奸臣也一致大力支持削藩，这点就有些不可理解了。

严嵩是最爱打击异己的，凡是有才华之人，无论旧臣还是新人，无不受到他们的迫害。张居正初出茅庐便开始“抢风头”，如何逃过这一劫呢？这只能说是严氏父子居心叵测：鼓动嘉靖加大削藩力度，打压太子。当然了，当时的张居正是无从知晓严氏父子的阴谋的。

在世宗一朝，张居正作为一个七品翰林院编修上奏这样的奏章，这是他初次也是最后一次阴差阳错地牵动了各方的利益，引发重重矛盾。庆幸的是，他自己没得罪嘉靖帝，更没有得罪严嵩，暗流涌动终归又趋于平静。于是张居正对于仕途的热情变成失望。此后在嘉靖时代，他除了例行的奏章和必要应酬，不再有所作为。应当说的已经说了，可是也并未起到什么好的效果，张居正开始再次将主要精力用于朝章国故的探索，对于时政便不置一词。

这一次上书，指出当时政治的症结，充分表现出张居正的政治才能，也得到徐阶的高度赞赏。徐阶评价“居正为人，欣面秀眉目”“勇敢任事，豪杰自许，然沉深有城府，莫能测也”，称赞他是国家的栋梁之材。

休假三年

嘉靖三十二年（1553），张居正二十九岁，正是意气风发、斗志昂扬的年龄，一心想干一番大事。他有诗《拟西北有织妇》，透出志在宰辅的抱负。

> 西北有织妇，容华艳朝光。朝织锦绣段，暮成龙凤章。投杼忽长吁，惄焉中自伤。绵绵忆远道，悠悠恨河梁。远道不可见，泪下何浪浪！春风卷罗幌，明月照流黄。山川一何阻，云树一何长。安得随长风，翩翻来君傍。愿将云锦丝，为君补华裳。

然而，时代允不允许他的才能得到施展呢？答案是不允许，因为当时朝廷的实际情况很糟。

嘉靖皇帝不理政事，一意修道。严嵩大权在握，把持朝政大权。徐阶却是精心结撰青词，一副两耳不闻窗外事的悠闲。再加上新崛起的政治势力严世蕃胡作非为，朝廷被搅得鸡飞狗跳。

因为与严嵩的这层师生关系，张居正对严嵩的一些丑事还是有所耳闻的，却又对严嵩的为人、为政极为不满，隐忍敷衍中希望有人能有所作为，因此把最大的期待放在徐阶身上。徐阶此时也显得极其善于阿谀奉承，把自己的文学才干用于为嘉靖皇帝写青词，得到嘉靖皇帝的青睐和宠幸。他经常被皇上单独召见，并长时间交谈，而他的才干又高过严嵩，自然引起严嵩的猜疑和警觉。徐阶在升任礼部尚书后，不少政见与严嵩有极大分歧，却虚与委蛇，甚至近乎讨好般将自己的孙女许配给严嵩的孙子。

张居正已经意识到，这些所谓的理想和抱负已经将自己压得喘不上气来，原本心怀一腔热血、立志干一番大事，此时愈加彷徨，深感极度苦闷压抑。他对皇帝，对身居高位的内阁大臣，对一群阿谀逢迎、攀龙附凤的文武百官失去了信心。心灰意冷的他甚至感到身体不适，在嘉靖三十三年（1554）上疏请病假辞去官职返回家乡江陵休养。他在上疏中写道："既得请归，则卜筑小湖山中，课家僮，锸土编茅，筑一室，仅三五椽，种竹半亩，养一癯鹤，终日闭关不启，人无所得望见。唯令童子数人，事洒归，煮茶洗药。有时读书，或栖神胎息，内视返观。"

看来，张居正是决定从此远离官场，回乡下过闲云野鹤的生活。

有趣的是张居正在离京前还给徐阶写了一封长信，题目叫《谢病别徐存斋相公》。他先是极力赞扬徐阶："相公雅量古心，自在词林即负众望三十余年。及登揆席，益允物情，内无琐琐姻娅之私，门无交关请谒之衅，此天下士倾心而延伫也。"然后他又话锋一转，委婉批评起来："况今荣进之路，险于榛棘，恶直丑正，实繁有徒。相公内抱不群，外欲浑迹，将以俟时，不亦难乎？……夫宰相者，天子所重也，身不重则言不行。近年以来，主臣之情日隔，朝廷大政，有古匹夫可高论于天子之前者，而今之宰相，不敢出一言。何则？顾忌之情胜也。"这段话的意思也就是说您文采出众，进入内阁荣获好评，不搞关系不走后门，人们对您期望极大。可是当今皇帝与大臣关系疏远，内阁首辅不敢讲一句话。面对如此不堪的时局，老师您应该有所作为。可是作为我最敬重的人，您怎么能也顾忌权位，不敢讲一句话呢？

休假获准后，张居正回到了老家。休假的这段时间内，他最多是去拜访故友。镇山朱公朱衡、浔阳董公董份都是他的好友。这时与他来往较密切的还有辽王朱宪㸅。尽管政见不一、志向不同，但毕竟是从小认识的朋友，两人经常赋诗饮酒。

除了拜访故友，他还经常去游山玩水。他游过衡山、南台寺、方广寺，每到一个地方都会诗兴大发，提笔就作几首诗。这时，他似乎已经不再关注那些所谓的国家大事。

其诗《宿南台寺》写道："一枕孤峰宿暝烟，不知身在翠微巅。寒生钟磬宵初彻，起结跏趺月正圆。尘梦幻随诸相灭，觉心光照一灯燃。明朝更觅朱陵路，踏遍紫云犹未旋。"

《出方广寺》写道："偶来何见去何闻，耳畔清泉眼畔云。山色有情能恋客，竹间将别却怜君。瘦筇又逐孤鸿远，浪迹还如落叶分。尘土无心留姓字，碧纱休护壁间文。"

最令他难忘的还是衡山之游。嘉靖三十五年（1556）十月，他携应城李义河、湘潭王会沙、汉阳张甑山，一同游览了著名的衡山，并写下了《游衡岳记》《后记》等十多篇诗文。

在《游衡岳记》中，他这样写道："余用不肖之躯，弱冠登仕，不为不通显。然自惟涉世酷非所宜，每值山水会心处，辄忘返焉，盖其性然也。夫物唯自适其性，乃可永年。要欲及今齿壮力健，即不能与汗漫期于九垓。亦当遍游寰中诸名胜，游目骋怀，以极平生之愿。今兹发轫衡岳，遂以告于山灵。"

这篇诗文表面表达了张居正无意功名之意，其实真实心境恰恰相反，这正是他壮志未酬的真实写照。他这是借"景"消愁，在诗酒往还中消磨岁月。"欲骋万里途，中道安可留？各勉日新志，毋贻白首羞！"这样的诗句并不像是单纯地因游美景有感而发。什么是"万里途""日新志"？当然不会是"遍游寰中诸名胜"之志，而是发自内心地为国家的前途担忧。

其实，在这一时期的作品中，他都或多或少地有些许不得志的情绪隐含其中，表面上已经放下，其实都郁积在胸中，只是还没爆发而已。他已经退出政治生活，一边请告回籍，一边还认定“欲骋万里途，中道安可留”！请病假的是他，自称“齿壮力健”的也是他；号称“闭关不启”的是他，约李义河游山的也是他。这就是这一时期张居正的纠结人生。

在告假回乡后不久所作的《登怀庾楼》里，他写道：“但恐濛汜夕，余光不可留。风尘暗沧海，浮云满中州。目极心如惄，顾望但怀愁。且共恣啸歌，身世徒悠悠。”他既为奸臣当道而苦恼，又充满忧心如焚却无可奈何的心态，却只能借酒浇愁。

张居正难以忍受老师徐阶的不作为，愤然离开朝廷，回到故乡江陵，开始了田园隐居生活。他在小湖山里面修筑了一处茅屋，种了半亩竹子，养了一只仙鹤，终日闭关不出，不去会见宾客，只带着几个童子煮茶采药。据张居正的儿子张敬修说，张居正就是在这茅屋里修身养性，博览群书，甚至游走于山水，沉迷于《庄子》。

当时的明朝风雨飘摇：土地兼并、皇室特权、苛捐杂税；北方，蒙古人不断地骚扰劫掠，边境屡屡吃紧；南方，倭寇侵袭东南沿海，愈演愈烈。张居正写了《闻警》诗句：“初闻铁骑近神州，杀气遥传蓟北秋。间道绝须严斥堠，清时哪忍见毡裘。临戎虚负三关险，推毂谁当万户侯？抱火寝薪非一日，病夫空切杞人忧。”他既忧国忧民，又为事不关己的“杞人”之忧而无奈。

他也担心“长安棋局屡变，江南雨檄旁午，京师十里之外，大盗十百为群，贪风不止，民怨日深，倘有奸人乘一旦之衅，则不可胜讳矣”，特别是贪赃枉法风气和民怨积累后，倘若有人聚众造反，局面将不可收拾。

“十年此地几经过，未了尘缘奈客何。官柳依依悬雨细，客帆渺渺出烟多。无端世路催行剑，终古浮荣感逝波。潦倒平生江海志，扁舟今日愧渔蓑。”张居正身在江陵，心在北京，始终心系国民，关心政治时局，也更加深入了解民情，真正地体验到了底层人的艰辛和疾苦。面对皇室宗藩乱政，地主兼并土地，平民百姓失业，商人机巧变诈，他的改革主张也在不断完善。

他意识到，若想改变这一切，只有施行法治。但是作为一个在野人，尽管有心加以制裁，也有心无力。他在《学农园记》有过这样一段文字描述："每观其被风露，炙熇日，终岁仆仆，仅免于饥；岁小不登，即妇子不相眄；而官吏催科，急于救燎，寡嫠夜泣，逋寇宵行；未尝不恻然以悲，惕然以恐也。或幸年谷顺成，黄云被垄，岁时伏腊，野老欢呼，相与为一日之泽，则又欣然以喜，嚣然以娱。虽无冀缺躬馌之勤，沮、溺耦耕之苦，而咏歌欣戚，罔不在是。既复自惟，用拙才劣，乏宏济之量，惟力田疾耕，时得甘膬以养父母，庶获无咎。"

这段话的意思是：那些农民们冒着风霜雨雪，冬寒夏暑，终年劳碌，最多只能免于饿死。年成稍微亏欠些，而官府催逼租税跟催命一样，他们就只能哭天叫地。就算幸运遇上了丰年，他们也不过欣然欢呼，搞一些庆祝活动。除了农民本身的辛苦，张居正还看到了苛捐杂税的繁重。官吏不断额外加收各种名目，而地方上的豪强也仗着权势，把本该自己缴纳的租税转嫁到一般民众头上，进一步加重他们的负担。民众被繁重的苛捐杂税压得死去活来，动辄破产。针对此，在野文人张居正建议，应该先压缩政府开支，降低租税，以培养民间元气；等老百姓富裕了，再合理征税，细水长流地收钱，国家财政自然也就宽裕了。

张居正还仔细考察了故乡江陵一带的历史和现状。经过实地分析，他认为，明朝建立后最初一百年左右，江陵的情况还是比较好的。但随着时间的推移，辽王之类的皇亲贵胄势力越来越膨胀，田地的赋税分担越来越不公平，国家征税越来越困难，大量百姓的土地被豪强兼并，百姓因此而沦为难民或者农奴。江陵的情况，其实也就是整个大明朝现状的缩影。国家不断败坏衰退，再这样下去就是死路一条。

"休言大隐沉金马，且弄扁舟泛碧浔。他日紫阁如相忆，烟水桃花深更深。"因此，他要做"大破常格，扫除廓清"的"磊落奇伟之士"，才能以雷厉风行的手段，惩戒奸恶之徒，破除弊端陋习，让社会走上正轨，让全国的民众承担更加合理的税制；让那些饿得奄奄一息、冻得瑟瑟发抖的人，都能吃饱饭、穿暖衣。

内忧外患，民不聊生

事实也是这样，在朝廷大政没有清明的时候，要在外省找一片净土是不可能的。此时的大明朝内忧外患，不能不令张居正担忧。

嘉靖三十三年至三十五年间（1554—1556），北方俺答不断南侵，大掠通州、大同一带；东南方面，倭寇侵扰更加频繁。倭由太仓夺海船再入江北。海盐、嘉兴、嘉善、松江、嘉定等地倭寇流窜严重，邻近的山东危矣。

总督浙福南畿军务张经、巡抚浙江副都御史李天宠积极防御倭寇。而嘉靖皇帝却听取严嵩义子赵文华“倭寇猖獗，请祷祀东海以镇之”的荒诞策略，奉命南行，沿路骚扰。同时，赵文华还上疏弹劾张经，不肯办贼。

其时，张经正在调兵杀敌，并于嘉靖三十四年（1555）五月在王江泾大破倭寇，斩贼一千九百。张经却被逮入京，同时李天宠也被逮，不久二人被弃市。杨继盛上疏反对严嵩和赵文华，也被杀。

面对东南和西北方面来敌的进攻，朝廷却大肆残杀有抱负、有主见、有办法的人才。与此同时，朝廷内部的大战也上演了，严嵩和徐阶的矛盾走向公开化。徐阶蛰伏几年后，实力大增，而严嵩在皇帝面前日渐失宠。徐阶意识到这是将严氏父子赶下台的最好时机，于是朝局再次暗流涌动。

嘉靖三十六年三月（1557），张居正假期满，奉命回朝。从嘉靖三十三年请假病归，到三十六年销假，为期三年，而按照张居正自己的说法却是六年。他在《先考观澜公行略》自称：“甲寅，不肖以病谢归，前后山居者六年，有终焉之志。”

六年是指从嘉靖三十三年到三十八年，是一个大概的计数。无论如何，张居正亲自见证了这场惊心动魄的权力角逐。

第九章
初露锋芒

严嵩父子的最后狂欢

嘉靖二十七年（1548），严嵩再任首辅时，已经年近七旬，年迈体衰，精神倦怠。这时，他还要日夜随侍在皇帝左右，已经没有时间和精力处理政务。他如遇事需要裁决，多依靠其子严世蕃。他总是说“等我与东楼小儿计议后再定”，甚至私下让严世蕃直接入值，代其票拟。票拟就是内阁在接到奏章后做出批答，再由皇帝审定，是阁臣权力的重要体现。严世蕃的票拟多能迎合嘉靖帝的心意，因此多次得到嘉靖帝的嘉奖。严嵩干脆将政务都交给严世蕃，严世蕃一时“权倾天下”。

严世蕃号东楼，长得短颈肥白，是个大胖子，与其父“瘦削长身”的外貌正好相反。他狡黠机智，博闻强记，熟习典章制度，畅晓经济时务，而且精力旺盛，尤其善于揣摩皇上的好恶喜怒。

严世蕃不是经过科举走上仕途，而是借他父亲的光，先入国子监读书，后做官，累迁至尚宝司少卿和工部左侍郎。据说，他还颇会揣摩别人的心意，跟人谈话，对方说上句，他就知道人家下句要说什么，而且他看人极准，无论对方是老奸巨猾还是天真烂漫，都逃不过他的眼睛。

嘉靖皇帝有一回夜传圣旨，询问某事当如何处理，票拟颇难。严嵩与大学士徐阶、李本在值班房仔细商议，每人各写一帖，提出处理意见，可是经过反复斟酌修改，三人仍觉不妥，始终不敢誊清呈进。严嵩只好派人飞马向严世蕃求教。时间已过四更，太监索取票拟几次了，说皇上“嫌迟滞，有怒容”，要求立刻回报。不得已，三人只好将商议的票拟誊录上呈。太监将三人所拟揭帖拿回，只见皇帝朱笔在上面涂抹了好多处，令重新拟过。恰在这时，严世蕃的回帖来了。太监将其票拟上呈之后，皇帝顿时满意，依拟照办。徐、李二公才真服了。自此，皇上时有要务难题，严嵩等阁臣谋之困窘不能作答者，即交于严世蕃，严世蕃则引经据典，参综陈说，每每能获得皇帝的嘉奖。

嘉靖皇帝喜欢观经史诸书，遇有不解其意的，便用朱笔写在纸片上，令太监交于严嵩等值班阁臣讲解，立等回话。一天晚上，类似的询问之旨又到了，可严嵩与徐阶等值班阁臣皆不晓其义，都惶恐无措。严嵩安慰众人说："无过虑！"随即密录皇帝所问，令人从西苑宫门门缝中传出，飞马送至相府，要严世蕃立马作答。严世蕃当即指出此语在某书第几卷第几页，做何解释，立即回报。严嵩等人找来该书翻检，果然如此，遂按其解释并附书呈送，嘉靖皇帝很高兴。

裕王的困境

嘉靖皇帝有八个儿子，其中五个儿子早夭，熬到成年的只有次子朱载壡、三子朱载坖、四子朱载圳。嘉靖十八年（1539），嘉靖皇帝立朱载壡为太子，朱载坖为裕王，朱载圳为景王。十年后，也就是嘉靖二十八年（1549）三月，载壡太子去世，谥号庄敬。按照嫡长制度的继承原则，太子的位置该给裕王朱载坖了，偏偏嘉靖皇帝认为册立太子是一件不吉利的事，所以就耽搁下来。当时得宠的道士陶仲文又提出二龙不能见面之说，因为皇帝是龙，太子当然是小龙，所以嘉靖皇帝索性不立太子，裕王、景王也看不到他们的父亲。在太子的地位没有确定以前，裕王、景王都是有力的竞争者。于是这个悬念一直保持着，可是裕王终究命更加硬气，也更加耐熬，熬着熬着，到了嘉靖四十年（1561），景王归藩，四年后景王也去世了。但是从嘉靖二十八年到嘉靖四十年（1549—1561），裕王的地位始终充满着变数。

可是不知什么原因，首辅严嵩对待裕王相当冷淡。裕王应得的岁赐，一直拖欠了三年。他当然不敢和父亲嘉靖皇帝提起，并且也没有什么机会，只得由左右先送银一千两给严嵩的儿子严世蕃，才能获得补发的岁赐。

严世蕃居然还不断向人夸耀："天子的儿子尚且要给我送银子，谁敢不给我送银子？”

可是严嵩对于裕王，还是很不放心。一天严世蕃对裕王讲官高拱和陈以勤两人说：“听说裕王殿下对于我家大人有些不满意，是怎么一回事呀？”

幸亏陈以勤的反应足够敏捷，立即平静地回答：“国本久已决定了。裕王殿下的讳字，从后从土，明明是土地之主，这是皇上命名的意思。亲王讲官，旧例只有检讨，但是裕王讲官，兼用编修，和其余诸府不同，这是宰相的意思。殿下常说唯有首辅才算得社稷之臣。请问不满意的话从何而来呀？”

陈以勤的回应相当得体，并且听起来又无懈可击。这一席话，打消了严嵩的顾虑，保全了裕王的地位。

第十章
鹿死谁手

庚戌之变

嘉靖二十九年（1550），张居正请假回江陵。他回京的时候，已在秋天，发生庚戌之变。

嘉靖二十九年六月，俺答侵犯。这一次俺答的军队本来打算多抢点东西，所以深入的程度就加大了一些。哪知道，明朝的军队根本没什么战斗力，俺答的军队突入古北口，明军一战即溃不成军。结果俺答乘势兵进通州，一下就对北京形成了包抄之势，史称“庚戌之变”。

巡按顺天御史王忬出驻通州，调兵死守，一面向北京告急。北京原是明代第一个要塞，一切都是取的战时体制。成祖设京卫七十二，计军四十万，加以畿内八府军二十八万，中都、大宁、山东、河南班军十六万，一共八十余万军队。但是成祖的规模已经不在了，京军由三大营改为十二团营，再改为东西官厅，额军由三十八万再减为十四万，嘉靖帝初年京营额军只剩得十万七千余人。并且军队战斗力严重下降。等到俺答逼到近郊的时候，兵部尚书丁汝夔清查营伍，只有五六万人，更加严重的是这区区几万人居然很多是临时冒充者，老弱病残极多。此时百官愁眉苦脸，长吁短叹。于是高层才知道事态的严重程度，都慌了手脚，嘉靖皇帝赶紧下诏勤王。第一个奉诏的是大将军咸宁侯仇鸾。他从大同带了两万大军入援，以后各地勤王军一共来了五六万，总算有了一点声势，可依然是一堆空架子。俺答军队到了北京城下，仇鸾不敢开战，派人和他洽谈，并承诺，只要俺答不攻城，什么条件都可以答应。

对于俺答提出的条件，嘉靖皇帝召大学士严嵩、李本和礼部尚书徐阶到西苑便殿，手持俺答求贡书，问他们的办法。

“这是一群饿贼，皇上用不着操心。”严嵩说。

徐阶郑重地说：“俺答的军队一直驻到北京城外，杀人和切草一样，不仅是饿贼了。”

嘉靖皇帝只是点头，一面问严嵩看到求贡书没有。严嵩也有一份，从衣袖里递出说：“求贡是礼部的事。”而当时主持礼部者正是徐阶。严嵩这一招棋从表面看相当高明，既推卸了责任，又给徐阶出了难题，因为按照正常思维这无论如何都是一个烫手的山芋。

夏言在倒台前，开始认识到严嵩的奸诈，可惜为时已晚，于是他快速提拔了一个正直而又可以在将来跟严嵩对抗的人，这就是徐阶。徐阶这个时候任礼部尚书，因为也擅长替嘉靖皇帝写青词，所以徐阶正逐渐受到嘉靖皇帝的重视和喜爱，因而严嵩开始想尽办法对付徐阶。

这次夏言没有看走眼。经夏言提拔的徐阶，在重回中央权力层之后，棱角突然都不见了，忍功的修养据说无与伦比。据史书记载，此时的徐阶“为人短小白皙，善容止。性颖敏，有才略，而阴重不泄”。在政治上，他正是严嵩的敌手。严嵩柔佞，夏言刚愎，柔能克刚，所以夏言失败了。但是一味地柔佞，柔到和水一样，便承担不起重任。大难临头的时候，柔佞的人只是推卸责任，这样最容易引起轻视。徐阶不是这样。他不是钢铁，也不是水，而是一方橡皮。橡皮是柔的，遇到坚强的压力，能屈服，能退让，但是在压力减轻的时候，立即恢复原状。

徐阶献计

按照常理，徐阶推卸责任也正常，因为如果把这么重的担子压在礼部身上本来就有点说不过去。可是徐阶的表现不是推卸责任，而是非常积极而且淡定地回应：“事是礼部的事，但是一切还请皇上做主。”徐阶不但没有推卸丝毫，反而把事情全部揽住。

“本来是和你们商议的。”嘉靖皇帝一听，心里顿时好感与感动无数。好嘛，终于有担事的了。

“敌人已经到了近郊。我方要开战，要守城，但什么都没有准备，因此目前只有议和；但是唯恐敌人要求无厌，这是困难。”徐阶的话逐渐具体了。

“只要于国家有利，皮币珠玉都给。”嘉奖皇帝慨然地说。

“只是皮币珠玉，事情便好办了，”徐阶说，“万一敌人还不满意，怎样处理？”

嘉靖皇帝悚然说：“卿可谓远虑。”

于是计划决定下来。徐阶主张，指出俺答的求贡书是用汉文写的，日后不能做讨论的根据，而且也没有临城求贡之理，只要俺答退出长城，改用鞑靼文写求贡书，再由大同守将转达，一切可以商量。当然这是一个缓兵之计。日子拖长了，四方勤王的军队抵达北京，朝廷便有决战的实力。日子拖长了，鞑靼的骑士掳掠已多，俺答也失去决战的热情。

徐阶这一招，看似微不足道，但深有玄机：一来想出了解决问题的具体可操作的办法，二又没得罪严嵩，三还让皇上觉得可以信赖。

张居正的选择

形势岌岌可危，张居正坐不住了，就打算找老师请命。同样都是自己的老师，可是张居正最后找的不是严嵩，而是徐阶。因为虽然两个人都欣赏张居正，可是张居正更清楚地知道严嵩虽然暂时权力极大，却是个奸臣，不是他心目中理想的老师；而徐阶一身正气，一心为国，虽然权势这时远不如严嵩，却让他心里更加踏实。

见着了徐阶，和他一番交谈之后，张居正全面了解了形势。可是俺答的部队已经在北京城下大肆抢劫了，而内阁首辅严嵩的态度居然是投降、献贡，以免北京城被攻下后后果会更惨。

张居正立即顶撞徐阶一番，愤怒万分，认为该拼死抵抗。可是徐阶却一语道破本质：你看俺答年年劫掠边境，每次满载而归，这一次虽然一直跑到皇城根儿来了，但他毕竟还是为了抢东西。我看就算是他们打下北京城，也没有在这儿一统山河的志向。俺答肯定也是在北京抢劫一番再回他们老家去。也就是说，这俺答并没有想改朝换代的志向，他只不过是一个要抢东西的强盗和贼而已。

而事实也正是朝着徐阶预测的方向发展。过了几天，徐阶的缓兵计果然奏效。俺答只在京郊地区大肆劫掠了一番就真的退回到长城以外去了，各地勤王的部队也赶来了。张居正对徐阶佩服得五体投地。

丁汝夔被坑

这时嘉靖皇帝正在接二连三地催促兵部作战。丁汝夔问严嵩，严嵩说北京和边疆不同，在边疆打了败仗，不妨报功，在北京近郊打败了，皇上没有不知道的，那时怎样办？严嵩决定等待俺答掳掠饱了，自己退出。丁汝夔居然相信了严嵩的判断。

可是嘉靖皇帝也决定趁此大变杀戮大臣，“振作纲纪”！俺答一退，丁汝夔立即被逮下狱。丁汝夔向严嵩求救，严嵩肯定地说：“我在，你绝对不会死。”然而嘉靖皇帝的决心没有挽回的余地，严嵩也没有援救丁汝夔的意志。直到弃市的时候，丁汝夔才知道被严嵩出卖了。从此以后，在政治倾向上，张居正算是彻底与严嵩决裂，走向了徐阶的政治阵营。

仇鸾失势

嘉靖三十年（1551），俺答依然对北京造成了巨大的威胁。可是大将军仇鸾不敢开战，只是设法避免战争，主张采取马市的办法。马市是由俺答岁进若干马，朝廷岁给若干币帛粟豆。在表面上是通商，但事实上，俺答所得的是生活必需的资源，明朝所得的是不能作战的马匹。嘉靖三十年三月，开马市。第一个反对马市的是兵部员外郎杨继盛。杨继盛奏言开马市的“十不可”“五谬”。可是结局却是马市打开，杨继盛被贬为甘肃狄道典史。杨继盛是徐阶掌国子监时的门生，但是徐阶看到仇鸾依附严嵩，隐忍着，一句话没有说。

马市开了，嘉靖一意听信仇鸾的话，仇鸾便成为严嵩的威胁。马市，对于朝廷毕竟是一种耻辱。更可气的是俺答并没有因为马市而履行承诺，继续不断进攻大同、怀仁。嘉靖三十一年（1552）三月，嘉靖皇帝一面派仇鸾赴大同巡视边防，一面用礼部尚书徐阶兼东阁大学士参与机务。徐阶看清嘉靖皇帝对于仇鸾的信任已经起了变化，首先便把仇鸾贻误大局的策略揭破。嘉靖皇五月召仇鸾入京，八月收仇鸾大将军印，九月罢马市，朝廷和鞑靼恢复作战的体制。

随着实力不断壮大，仇鸾开始与严嵩经常叫板，这让严嵩心里很不痛快。于是阴谋家严嵩又毫不犹豫地搞掉仇鸾。嘉靖三十一年（1552），仇鸾病逝，严嵩突然想起了年轻的杨继盛，想想敌人的敌人当然也就可以拉进自己的队伍里来，再加上杨继盛因为勇于弹劾权臣，弄得名声也很大，名头也很响，所以严嵩就开始刻意拉拢杨继盛。严嵩不仅把远在边远地区的杨继盛调回了京城，而且还在短短的几个月里给他连升了四次官。

杨继盛的气节

杨继盛便由狄道典史，一升山东诸城知县，再升南京户部主事，三升刑部员外郎，四升兵部武选司员外郎。从嘉靖三十一年到嘉靖三十二年，一岁四迁，严嵩心想这次杨继盛一定对自己感激涕零，偏偏杨继盛性格耿直，看清严嵩只是一个辜恩误国的权奸。到任一个月，刑部员外郎杨继盛向皇帝提交奏疏，弹劾严嵩十大罪状：一是破坏开国皇帝朱元璋定下的规矩；二是非法窃取皇帝大权；三是彰显自己，掩饰皇帝治国功勋；四是放纵邪恶的儿子窃取首辅职权；五是把朝廷军功据为己有；六是结党营私；七是贻误国家军机；八是胡乱任免官吏；九是让朝廷丧失了民心；十是贪赃枉法。

杨继盛上疏之前，斋戒三日，满以为一诚上达，为国除害。可是皇帝当时宠幸严嵩，因此在皇帝的眼里，这封奏疏就成了杨继盛指摘严嵩奸贼便是指责自己作为皇帝的错误。并且杨继盛犯了一个要命的错误，那就是要求皇三子裕王、皇四子景王出来揭发严嵩的罪恶。老奸巨猾的严嵩就向皇帝说杨继盛心怀叵测，挑拨皇帝与亲王的关系。嘉靖皇帝十分生气，写了批示，要求“着锦衣卫拿送镇抚司，好生打着究问明白来说”，要严刑拷打杨继盛，让他交代不良动机。虽经过廷杖一百，杨继盛却始终没有屈服，又在刑部狱中被关押三年，在牢中受到各种折磨，被打伤后得不到医治，伤口腐烂，惨不忍睹，后来被判处死刑。

于是，许多人开始想办法解救杨继盛。说起来杨继盛跟张居正还是同学，他们俩都是嘉靖二十六年（1547）的进士。这一年是明代科举史上赫赫有名的一年，因为在这个“二六级”录取的进士里，后来的能人特别多：有文坛盟主，有名垂青史的勇士，也有以文职镇守边关的封疆大吏，光后来进入内阁、成为名义上宰相的人就有一长串儿，更不用说张居正这样大明王朝的中流砥柱了。张居正也为此找过徐阶，可是迫于无奈，徐阶给予回绝。在嘉靖三十四年（1555），杨继盛被弃市。

作为那个名垂青史的勇士，临刑前，杨继盛依然大气凛然，写道：“浩气还太虚，丹心照千古。生平未报恩，留作忠魂补。”

张居正的仕途通达

随着徐阶地位的提高，严嵩看到嘉靖皇帝越来越倚重徐阶，就想着法子打压和迫害徐阶。不仅是徐阶，凡属于徐阶政治集团的人，严嵩都会进行打压与迫害。又因为严嵩权势熏天，所以当时官场上很多人都不敢跟徐阶走得太近，可是张居正却是这其中的一个特例。张居正一方面跟徐阶走得很近，另一方面跟严嵩的关系处得也很好，以至于严嵩虽然看到他跟徐阶的关系很近，可同时自己也很器重张居正。

张居正虽然从“庚戌之变”中认清了严嵩的本质，也从政治立场上与严嵩集团划清了界限，但他还是一如既往地与严嵩保持着良好的接触。逢年过节，甚至在严嵩生日的时候，他还是会写祝贺的诗文；甚至在明知严、徐矛盾的情况下，他也会很自然地向严嵩提起自己与徐阶的交往。这既让严嵩保持了对张居正的好感，也让严嵩错误地认为他与徐阶的关系并没有达到什么了不起的地步。

正因为张居正这种不凡的气度与行动能力，徐阶也特别欣赏张居正。周圣楷《张居正传》有这样的记载："时少师徐阶在政府，见公沉毅渊重，深相期许。"这话也就是说徐阶看中张居正了，尤其是说"深相期许"，那意思也就是说徐阶很早就打算重点培养他了。尤其是在与严嵩长期的较量过程中，徐阶把他当作智囊，经常密谋策划于帷幄之中，把一些内幕与细节都告诉自己钟爱的这个学生。张居正后来在向万历帝汇报一些嘉靖朝重要的大事记的时候，曾经明确说过，徐阶的一些想法与内幕，"惟臣居正一人知之，诸臣皆不闻也"。

嘉靖三十六年（1557），告病三年的张居正从家乡回到京城，官复原职，继续在翰林院任编修。在徐阶的多方提携下，张居正仕途通达。

嘉靖三十七年（1558）三月，刑科给事中吴时来、刑部主事张翀和董传策同日上疏，弹劾严嵩。三人同日上疏，同样着重边防，很容易引起严嵩的猜疑。严嵩见吴时来、张翀都是徐阶的门生，董传策是徐阶的同乡，更加认定这次弹劾是徐阶的指使。于是严嵩进谗言，但嘉靖帝并没有为难徐阶，只是将三人贬谪。

嘉靖三十八年（1559）五月，徐阶晋吏部尚书。这是一个崇衔，因为实际的吏部尚书还有吴鹏。

嘉靖三十九年（1560），徐阶再从少傅晋太子太师。就在这一年，张居正从翰林院编修，升右春坊右中允，管国子监司业事，既主管与太子有关的事务，也是太学二把手。太学一把手为国子监祭酒，由高拱担任。后张居正又被调往裕王府邸，担任裕王讲读官。

到了嘉靖四十一年（1562），严嵩还是首辅，徐阶已经是仅次于严嵩的内阁次辅。不久，张居正就在徐阶的推荐下，成了实际上的太子——裕王朱载垕的讲席官，与高拱等人一起成为下一任皇帝的老师。徐阶这个安排明显是为张居正的未来铺路，同样赏识张居正的严嵩也没有阻挠。张居正没有辜负徐阶的期许，以才干深得裕王的赏识。

严嵩父子胡作非为

严嵩因为年龄大了，把权力都放给了他荒淫无耻的儿子严世蕃，所以当时民间流传着“大丞相”和“小丞相”的说法，“小丞相”指的就是严世蕃。当时严氏父子把持着朝中官吏的任选、升迁。官无论大小，皆有定价，严氏父子不看官员的口碑、能力，一切都以官员的贿金为准。

一次，严嵩的义子赵文华从江南回来，送给严世蕃的见面礼就是一顶价值连城的金丝帐，还给严世蕃的二十七个姬妾每人一个珠宝髻。就这些礼物，严世蕃还嫌太少，心里非常不满，可见他的贪婪到了何种程度。

严世蕃利用各种手段大肆搜刮钱财，最触目惊心的是公然卖官，无论官阶大小，都明码标价，童叟无欺：御史、给事中，白银五百两至一千两；吏部郎中、主事，白银三千两至一万三千两。

有个刑部主事项某，向严世蕃行贿一万三千两银子，企图调任掌握人事大权的吏部任主事。消息传出，舆论哗然，讽刺他是“沈万三官”。

因家财富可敌国，严世蕃曾经得意扬扬地炫耀：资产在白银五十万两以上的巨富，全国不过十七家而已，其中山西三家，徽州两家，此外都是达官贵人。据说，严世蕃与妻子要将金银埋藏到地窖里，想起这都是仰仗父亲严嵩得来的，于是就请父亲来观赏。严嵩一见，数量之巨出乎想象，顿时目瞪口呆，隐约感到大祸将至。

严氏父子因其贪赃枉法，早就被正直之士痛恨，不断有人站出来弹劾他们。但是，因为嘉靖皇帝的偏听偏信、严嵩的奸猾狡诈，这些弹劾不但都没有奏效，那些上章弹劾他们父子的人还往往备受打击，丢官不说，有的甚至搭上了身家性命。严嵩排挤打击夏言时，就有言官弹劾严嵩，抨击他“背公行私，变乱国是”。严嵩以退为进，写了辞职奏疏给嘉靖皇帝。嘉靖皇帝反而写了两百多字的批示，谴责言官“攻击不已，不遵君上”，安慰严嵩安心供职，还经常帮严嵩说话立威，赏赐他“忠勤敏达”银质印章一枚，书写“忠弼”匾额。

沈炼曾是锦衣卫，嘉靖三十一年（1552），上疏弹劾严嵩“贪婪愚鄙”，历数其“受将帅之贿，边防弛备”“受诸王馈赠，干预宗室事务”“揽御史之权，败坏政纪”“嫉贤妒能”等罪状。嘉靖皇帝不但未将严嵩治罪，还认为这是沈炼诋毁大臣，下诏将沈炼廷杖、贬官。严氏父子并不罢休，几年后，指使党羽寻机陷害沈炼，导致沈炼被斩，沈炼的三个儿子，两个被打死，一个被发配到边疆。

嘉靖四十年（1561）春，俺答自河西踏冰入寇，七月犯宣府，九月犯居庸关。十一月俺答的侄儿吉能犯宁夏，进逼固原。十二月吉能的弟弟把都儿犯辽东盖州。这一年鞑靼的攻势虽不特别紧张，但是范围很广泛，正面的北方以外，东北和西北都受到他们的劫掠。

严嵩失宠

嘉靖四十年十一月，西苑大火，嘉靖皇帝所住的永寿宫被毁，只得暂住玉熙殿。他见玉熙殿又窄又小，和严嵩、徐阶商议。严嵩劝嘉靖帝仍还大内，不料触动了嘉靖帝无限的伤感。十九年前，也就是嘉靖二十一年（1542）十月的夜间，嘉靖皇帝宿在曹端妃宫里的时候，宫婢杨金英密谋，几乎把世宗勒死，幸亏方皇后来了，才把嘉靖皇帝救活。那时他在惊惶中，话都说不出来。方皇后传圣旨，把杨金英、曹端妃都杀了。嘉靖帝眼看端妃被杀，连申辩的机会也没有。端妃的冤枉，嘉靖帝是明白的，但是却怨不得救命的皇后。从此以后，他不再回宫了。

“那倒不必，”徐阶说，“最近重盖奉天殿、华盖殿、谨身殿，所余的材料很多，交给工部尚书雷礼，用不了很久，尽可重盖一座新殿。”

“就这样吧。”嘉靖帝高兴地说，一边加派徐阶的儿子徐璠为工部主事，负责督工。

嘉靖四十一年（1562）春天，万寿宫盖好了，嘉靖帝住进去以后，很得意，升徐阶为少师，兼食尚书俸，升徐璠太常少卿。从此严嵩的势力逐渐地低落，徐阶的势力便逐渐高涨。

有一个蓝道士，叫蓝道行，扶得一手好鸾，深得嘉靖皇帝信任。一天皇上问乩仙：“天下为什么不治呢？”

蓝道士写道：“贤不竞用，不肖不退耳！”

皇上吃了一惊，便问贤、不肖是哪几个。乩仙判着：“贤如徐阶、杨博，不肖如嵩。”皇上又问：“那么乩仙为什么不除他呢？”

乩盘上还是六个字："留待皇帝自殛。"

于是嘉靖皇帝开始对严嵩父子产生警觉。不久御史邹应龙又给严嵩一个严重的打击。

一天夜里，邹应龙做了一个梦：在东风中，他带着随从出去打猎，远远地看见一座高山，他对准放了一箭，那箭飕飕地不知哪里去了。他骑着马迎着东风走去，见前面又是一座山，可是比第一座山小得多了，山旁一座楼，下面全是田。田里有一堆米，米上盖了草。他感到非常奇怪，于是又射了一箭。只听到哗啦一声，像天塌下一样，米堆倒了，楼倒了，小山倒了，连带大山也倒了。

于是他开始沉思，忽然醒悟："山"字连到"高"字，正是严嵩的"嵩"！"好啊！"邹应龙拍着案，得到了新的启示，事情便容易了。东面的楼是"东楼"，他在桌上写一个"田"字，上面是"米"，"米"上加"艸"，明明是一个"蕃"字。他明白了，这一支箭，不让它飕飕地落空，一定对准了射去。于是邹应龙经过精心准备，搜集大量证据，开始弹劾严嵩父子。

嘉靖四十一年（1562）五月，严嵩彻底垮台。世宗一面降旨安慰严嵩，一面却叫他回籍休养；严世蕃交法司讯问，最后判决严世蕃、严鹄、罗龙文充军边远。

嘉靖四十二年（1563）是多难的一年：福建、浙江的倭寇不断地进攻，幸亏刘显、俞大猷、戚继光几个名将，打了几次胜仗，把他们堵住了；北方的鞑靼，正月里在俺答领导下进攻宣府，南掠隆庆；十月，把都儿和俺答的儿子辛爱破墙子岭入寇，北京戒严，直到十一月解严，其间他们大掠顺义、三河。嘉靖年间，北京经过几度戒严，这是最后的一度。

嘉靖皇帝还是没有忘情文物制度的事。正德十六年（1521），他从安陆州入都即位。嘉靖十年（1531），嘉靖皇帝升安陆州为承天府，命文学侍从之臣，为《承天大志》。徐阶任首辅的时候，再修《承天大志》，大学士徐阶、袁炜都是《承天大志》总裁。嘉靖四十二年（1563），徐阶荐张居正为《承天大志》副总裁。

严嵩倒台

严世蕃虽然判处流放雷州，却在半路就返回江西老家，继续作威作福。罗龙文也从流放的地方逃回江西分宜的严府，密谋翻盘计划。管辖分宜县的袁州知府衙门知道消息后，说严府“聚众练兵谋反”，报告给御史林润。林润曾经弹劾过严嵩，担心他们重新掌权后受到报复，于是在嘉靖四十三年（1564），再劾严世蕃，并将消息夸张，说严世蕃聚集勇士几千人，还勾结“倭寇”，准备谋反。于是嘉靖皇帝将严世蕃逮捕下狱。嘉靖四十四年（1565），林润上疏数严嵩父子的罪状，嘉靖皇帝命三法司审讯严嵩父子。

御史林润捉拿严世蕃后，给他定罪名成了一件难事。严世蕃得意地说：“任他燎原火，自有倒海水！”严世蕃计划，认定自己的罪状，只承认受贿的事，其余的罪状不难洗刷，最好在三法司上疏的时候，提到严嵩坑陷沈炼、杨继盛的事实。两人的被杀，固然是严嵩的策动，但是都经过圣旨。一提到严嵩坑陷沈炼、杨继盛，嘉靖皇帝想到前事，必然发怒。这样一来，一切的判决都推翻了，严世蕃不但会免罪，而且还有蒙恩的可能。计划好了，严世蕃的党徒在京城放烟幕弹造舆论：“啊，不好！要是三法司提起沈炼、杨继盛的前事，严世蕃没有活命了。”刑部尚书黄光升、左都御史张永明、大理寺卿张守直果然中计，他们正要上疏，把严世蕃父子陷害沈炼等的罪状痛快地数责一番。草稿起好了，三个人去拜访徐阶。

徐阶早知道此事了，问道：“三位的疏稿，可以看得吗？”

三位法司把疏稿递给徐阶。

徐阶一边说“法家的断案，再好没有了，钦仰得很”，一边领着三人到内室里去。

“诸位的意思，是要严公子死呢，还是要他活？”徐阶问。

“这是死罪，”三位都说，“当然要他死。”

“那么，办这件案子，”徐阶又问，“是杀他，还是救他？”

“在奏疏里，提到沈炼、杨继盛，正是给他定死罪的根据。”他们都说。

“话是不错，”徐阶慢吞吞地说着，“可是另外有一层道理。严氏父子杀沈炼，杀杨继盛，诚然是犯了天下的众怒。但是沈炼攻击严嵩以后，严嵩把沈炼的名字放在白莲教教徒的供词中，只算杀了一个白莲教教徒。这是圣旨。”

杨继盛因为疏中“召问裕、景二王”一句，严嵩认为“诈传亲王令旨”，圣上大怒，传旨定罪，成为杨继盛日后被杀的张本。这是皇上的特旨。皇上是最英明的，不会认错。三法司也确实把此罪列为头条，可是却被聪明的徐阶驳回。原来，严世蕃知道当年最终给杨、沈二人定罪的就是嘉靖皇帝，绝非自己所为，而嘉靖皇帝却是一个刚愎自用且极爱面子的皇帝，看到这些罪名肯定不会批准的，因为一旦批准，就意味着嘉靖皇帝要承认自己的错误，这是嘉靖皇帝所不能容忍的。

这一次，三法司愕然了，最后决定还是由徐阶主稿。于是，徐阶不提沈炼和杨继盛，只说严世蕃“交通倭寇，潜谋叛逆”，换了另外三条罪名：

首先，严世蕃和罗龙文（严党之一，确通倭寇）是哥们儿，而罗龙文勾结倭寇，严世蕃也就与倭寇挂上了钩。他们聚集海匪，并企图里通外国，逃往日本。

其次，严世蕃勾结江洋大盗，训练私人武装，图谋不轨。

最后，严世蕃占据土地修房子，而根据现场勘查，这是一块有王气的土地，严世蕃狗胆包天，竟然在上面盖楼，实在是罪大恶极。

这正好击中嘉靖皇帝的要害神经，因为嘉靖皇帝最痛恨的罪名正是“犯上”与“通倭”！三法司呈上罪名，严世蕃立即被定罪，与罗龙文同时被处死。

不久，严嵩也被抄了家，得银二百万两，在当时几乎和国家一年的总收入相等。有人称赞徐阶铲除大奸，徐阶蹙了眉头，慨然地说：“严惟中（嵩）杀夏公谨（言），惟中的儿子，又由我杀了，必然有人不会见谅，我的心境，只有上天知道吧。”因为徐阶知道，官场险恶，严嵩杀了夏言，自己杀了严嵩的儿子，以后必定有人记恨自己。严嵩完全没落了，嘉靖四十一年（1562年）五月，严嵩被罢官，回了分宜老家。

内阁新气象

徐阶接任内阁首辅，整个政局都在徐阶手里。徐阶主政后，一改严嵩专恣擅权、倾陷异己的弊政，使朝中出现了一派祥和民主的气象。为此，嘉靖帝将原严嵩的直庐赐予徐阶。

徐阶在楹柱上写了三句话：以威福还主上，以政务还诸司，以用舍刑赏还诸公论。

意思是把权威和福祉归还皇帝，把各部的权力还给了主管部门，目的就是不想让权力集中在某一个重臣的身上，使各部门各负其责，权责分清，责任分明。

严嵩秉政时，对六部的事，事无巨细，无不过问，可以说是米盐无遗，大大限制了六部的权力，六部尚书束手束脚。徐阶任首辅后，一概放手让各部的大臣自己裁决，从不掣肘，官员奖惩权力归还公众舆论。在行动上，他推心置腹地邀请严讷出任吏部尚书，整顿吏治，任人唯贤，破格提拔人才，吏治一新。

“讷乃与朝士约，有事白于朝房，毋谒私邸。慎择曹郎，务抑奔竞，振淹滞。又以资格太拘，人才不能尽，仿先朝三途并用法，州县吏政绩异者破格超擢，铨政一新。”严讷与同僚约法三章：一是谈公务只在吏部办公室，不得在私宅；二是慎重选择吏部的郎中、主事等中层官员，杜绝开后门、通路子；三是吏部主管人事，选拔人才不拘泥于资格，即使是州县小吏，只要政绩优异，就破格提拔，使得吏治人事工作焕然一新。

严讷的各项工作得到徐阶的大力支持。徐阶为严讷的工作积极争取皇帝支持，多次在皇帝面前替严讷说话，说严讷主管吏治有方，为皇上守法，一概拒绝请托，不免遭来怨恨与诽谤，都要仰赖皇上圣明，明辨是非，保证吏治整顿工作顺利进行；还请皇帝颁布特别御旨，专门提出“唯才是用，勿专论资格”。多年后，严讷与朋友谈及徐阶，说道：“我掌管吏部两年，适逢徐阶主持内阁，大力支持，办事毫无阻力。”

徐阶的清廉也是很有名的。严嵩当政时，社会风气坏到极点，不接受贿赂的官员甚至被人看不起。有人前来贿赂徐阶，他一概不收，执政以后也是坚决杜绝贿赂。徐阶非常欣赏正直敢言的大臣，对那些揣摩上意谄媚奉承的人则敬而远之。

同时，徐阶还将用人权和处理权与朝臣们结合起来，广泛听取大家的意见。因此，徐阶推荐的人大部分是廉洁之士。嘉靖四十五年（1566）三月，徐阶举荐郭朴兼任武英殿大学士，又以礼部尚书高拱兼文渊阁大学士，一同入阁办事。

在此期间，张居正也成了最大的受益者。

第十一章
纷争再起

徐阶与高拱

嘉靖四十四年到四十五年间（1565—1566），内阁又起了变化。内阁中本来是徐阶、袁炜二人，嘉靖四十四年三月，袁炜病重罢归，四月，补严讷、李春芳二人；就在这年十一月，严讷又病了，内阁只剩徐阶和李春芳。李春芳是一个好好先生，一切都很安定。到了嘉靖四十五年三月，徐阶又举荐郭朴和高拱入内阁。郭朴从嘉靖四十年（1561）起，已经是吏部尚书，在资历上已应当入阁；高拱在当时是数一数二的人才，而且曾经做过裕王的侍讲学士。徐阶及早举荐高拱入阁，认为这是一种政治手腕。徐阶看定高拱对自己必定感激，至少也是政治上的友人，但是徐阶却看错了。

嘉靖皇帝经常住在西苑，商讨政事就差人传大臣。突然有一天，嘉靖皇帝对他们说，现在很多大臣都在西苑，文渊阁没人照看，应该有一个人长期照看文渊阁。

高拱极力想取代徐阶，就对徐阶说，您年纪大了，因此一直留守文渊阁吧，有事我们向您汇报就行。都是人精位高的权臣，徐阶立即明白了高拱的意图，非常生气。

嘉靖四十五年（1566），嘉靖皇帝更加衰老了，因为多病，斋醮得更积极，一切目标只是长生。户部主事海瑞委实看不过，决定上书直谏。一切直谏的榜样都在那里，嘉靖帝的朝廷里，充满了血腥。海瑞买好棺材，一边准备后事，一边吩咐妻子："这条性命，就献给皇上吧！"他回头一看，书童和长随都跑掉了。大祸临头，他们平时伺候主子，现在用不到了，怎么会愿意陪主子坐牢呢！海瑞点点头，很明白这个道理。他上疏了。他还记得最激昂的几句："陛下诚知斋醮无益，一旦幡然悔悟，日御正朝，与宰相、侍从、言官讲求天下利害，洗数十年之积误，置身于尧、舜、禹、汤、文、武之间，使诸臣亦得洗数十年阿君之耻，置其身于皋、夔、伊、傅之列，天下何忧不治，万事何忧不理！此在陛下一振作间而已。释此不为，而切切于轻举度世，敝精劳神，以求之于系风捕影，茫然不可知之域，臣见劳苦终身而终于无所成也。”

这不仅是一个刺激，简直是一个霹雳！嘉靖皇帝把海瑞的奏疏扔在地下，大声地说：“把他捉住，不要让他走了。”内监黄锦接着道：“奏明皇上，这人不会走的。”他把海瑞上疏以前的行为一一奏明。嘉靖皇帝待他把奏疏捡起，读了一遍又一遍，长叹了一声：“我虽不是纣王，此人可方比干了。”

这一年冬天，嘉靖帝的病势越来越重。十二月，嘉靖帝禁不住徐阶的忠谏，终于搬回大内乾清宫。就在这一天，在位四十五年的嘉靖皇帝驾崩。

皇帝驾崩以后，第一件事是发布遗诏。在明朝，遗诏常是大臣们的手笔。遗诏草成的时候，皇帝早已驾崩。于是一些大臣常常利用这个机会，把前朝的一切弊政，用遗诏的名义来一个总清算，因此在政治上，遗诏往往产生重大的影响。武宗逝世以后，杨廷和草遗诏：罢威武团练诸军，散遣入卫边军，守京城九门及南北要害，罢遣番僧，释南京逮系罪囚，放遣四方进献女子。这是一个最好的例证。

现在徐阶的机会到了。他就和张居正商量一切事宜，可是遗落了高拱。这下高拱就不乐意了。他倒不是妒忌张居正，而是恨徐阶。高拱心想，这事你徐阶怎么能不让我参与呢？怎么说我比张居正的资历也老多了，我又是隆庆帝资格最老的老师，你们借隆庆帝的名义起草诏书，收买人心，怎么能不经过我呢？所以高拱后来在徐阶下台后重新执政的时候，就“尽反阶所为”，也就是把当初徐阶、张居正进行的平反昭雪的工作全部推翻，概不承认。可见，高拱的气量真的不太大。

嘉靖四十五年（1566）十二月，裕王朱载垕即位，这是后来的穆宗。完全不同于嘉靖皇帝紧紧把权力握在手中，隆庆皇帝生性懦弱得很。他爹嘉靖皇帝把他晾了几十年，就是不立他为太子，弄得他提心吊胆、惴惴不安几十年，整天在惊恐与小心中度日，心理都有些变态了。他登基之后，最大的特色有两个：一是不管事，随大臣们怎么去折腾；二是好脾气，就算是有大臣公开指责他，他也一笑了之。他采取全面放权的形式，而当时徐阶、高拱、张居正这些顶尖大臣也确实可以治理好国家。他继位的时候，内阁大学士是徐阶、李春芳、郭朴、高拱四人，徐阶是首辅。

穆宗隆庆元年（1567），张居正由翰林院侍读学士，进礼部右侍郎，兼翰林院学士。侍郎是正三品。隆庆元年二月，张居正晋吏部左侍郎兼东阁大学士，入阁。同时入阁的还有陈以勤。二人入阁，都是因为曾为裕王府讲官的缘故。

隆庆元年四月，张居正晋礼部尚书，兼武英殿大学士。据《文忠公行实》，张居正的这次进官，是因为他重修《永乐大典》。就在这短短的时期里，内阁里发生一次阁潮。隆庆元年的内阁，实际是三个名臣的内阁——徐阶、高拱、张居正。

隆庆元年的三人组内阁，徐、高、张看似团结，但事实证明他们仨的组合并不是铁板一块。尤其是在徐阶和高拱之间，随着权力的稳定，开始出现间隙。张居正对徐阶是十分尊重的。高拱与徐阶处处作对，矛盾日益深化，逐渐成为继严嵩之后徐阶最主要的对手。

徐阶在扳倒严嵩之后，快速提拔了一些人，这其中就有高拱和张居正。有人可能会有疑问，高拱为什么如此心狠手辣，要对自己的恩师下手？其实，严格来说，高拱并不算徐阶的人，他们的关系非常微妙。

嘉靖末年，徐阶断定裕王最有可能是皇位的继承人，而谁会成为新皇帝身边的红人呢？那也毫无异议，就是侍读高拱。高拱与裕王虽为师生，关系却非同一般。在裕王的各位老师里，高拱无疑是分量最重的那块牌子。因为在裕王看来，高拱在自己身边时间最长，对自己最忠诚，屡次救自己于危难之中。就在严嵩几次陷害中，高拱都是挺身而出，以命相救裕王。在裕王最无助的日子里，高拱就像父亲一样给了裕王最大的依赖。裕王有一天做了皇上，势必重用高拱。

徐阶很清楚地看到了这一点，主宰未来政局的必定是这两人。于是他做了两手准备：一是将张居正安排进裕王府，做裕王的老师；二是拉拢高拱，将高拱拉到自己的阵营中来。

高拱也是一个政治嗅觉特别灵敏的人，见徐阶有拉拢之意，半推半就地入伙了。毕竟当时的大权还掌握在严氏父子手中，可对严氏形成威胁的只有徐阶。

张居正和徐阶、高拱都有相当好的关系，现在还没有到他崭露头角的时机，但是徐阶、高拱的对立正逐日尖锐。

徐阶与高拱的对立

高拱对徐阶与门生张居正瞒过同僚起草的遗诏不满，就散布流言，怂恿言官弹劾徐阶，说徐阶的次子多次走后门，家人横行乡里等，制造倒徐舆论。徐阶一边向皇帝申辩，一边以退为进，请求退休，引起舆论同情，朝中官僚对高拱极度不满，纷纷弹劾高拱。

第一个攻击高拱的是吏科给事中胡应嘉。嘉靖帝病重的时候，高拱从直庐偷偷地回去，准备搬家。因为他已经年过五十，却没有儿子，所以一有机会就回去与妻妾团聚。胡应嘉知道了，上疏弹劾。嘉靖帝在昏眩当中，一切不问，但是高拱认为胡应嘉和徐阶同乡，一定受了徐阶的指使，事态便扩大了。高拱有仇必报，本来谈不上容忍，一直都在等待机会扳倒徐阶。隆庆元年，吏部尚书杨博主持京察。京察是明代的制度，宪宗成化四年（1468），奏准京官五品以下，吏部会同都察院及各堂上掌印官共同考察。孝宗弘治十七年（1504）奏准每六年举行一次京察，因此六年京察的制度确定了。但是万历以前，有时还来一个特别考察，这便是所谓的“闰察”。在大臣手里的威柄，只是“京察”。这个威柄，照理握在吏部尚书手中。除了都御史可以随时过问外，不受任何人的干涉。现在权柄在杨博手中了，这一次的京察，连御史、给事中都降黜了，算得上雷厉风行。偏偏杨博的同乡——山西人没有一个降黜的。这样一来引发了御史和给事中的公愤。第一个攻击杨博的，又是胡应嘉。

胡应嘉弹劾杨博挟私愤，庇乡里。弹劾的内容是没有说错，可是恰恰错在胡应嘉的吏科给事中官职上面。在吏部办理京察的时候，吏科给事中应当参加，吏科给事中事前没有提出异议，事后偏要提出弹劾，因此穆宗下令内阁商量处罚胡应嘉。

内阁当中，郭朴和高拱是同乡，这一次首先发言的是郭朴。他毅然地说："胡应嘉出尔反尔，全不是人臣事君的道理，应当革职。"

"应当革职为民。"高拱也说。徐阶看了看郭朴，再看高拱，没奈何，只得点点头。胡应嘉的革职，算是革定了。

"文死谏，武死战"，就是说文官要死于敢言直谏，武将要战死沙场，那才是死得其所，算是荣耀的事。明代的言官权力极大，还形成了一个专门的系统，叫六科给事中。他们的权力大到想说谁就说谁，就是没根据、没调查研究也可随便议论朝政、弹劾大臣。

六科给事中人多而且极其团结，大有唯恐天下不乱的架势，动不动就一窝蜂一起拥上，你动了一个，他们会来一群。于是都察院的御史、六科给事中一窝蜂地弹劾高拱，御史郝杰甚至直言不讳地说高拱"无宰辅器"。事态更加严重了，一切责任都推在徐阶身上。徐阶拟旨调胡应嘉为建宁推官，处分减轻了，但是言官们还不满意。欧阳一敬再劾高拱"威制朝绅，专柄擅国，亟宜罢"。高拱当然不能承认，便来一次答辩。事情又转到徐阶手里了。徐阶拟旨，一边慰留高拱，一边斥责言官。徐阶两头"哄"，满心以为从此结束了一件公案。

可是高拱没有满意。高拱希望徐阶拟旨，给言官们一次廷杖。高拱这一招非常毒辣，在对付言官的同时，也给徐阶出了一个难题：你同意，就要承担责任，到时候言官反弹，即使不是主要责任，也得有次要责任，正好找一垫背的，并且如果这事真不关徐阶的事，也要把你弄进来蹚浑水；还可作为试探，你不答应，那就证明你跟他们穿一条裤子，是你让人坑我，那好，我就以牙还牙，也不客气了。可是徐阶决定不和言官们结怨，没有答应，于是高拱更加怀疑徐阶与言官勾结，就指使手下言官弹劾徐阶。

胡应嘉被革后不久，高拱就指使手下言官齐康对徐阶提出一次弹劾。可是齐康这一次却犯了言官们的众怒。欧阳一敬弹劾齐康，齐康也弹劾欧阳一敬。于是徐阶和高拱的手下言官互相弹劾，乱作一团。但是齐康这一边人数太少了，终究抵不上欧阳一敬的气势。齐康被其他言官们痛骂不算，言官们又把矛头一齐指向了高拱，说他挟私怨报复胡应嘉，又莫须有地指使齐康攻击徐阶。这一下高拱犯了众怒，从此高拱成为众矢之的。但是射向高拱的最后一支箭，却是从南京射过来的。

京察的大权操在吏部和都察院手里。在京察的时候，得到贬黜处分的官员，连皇帝也留不得。隆庆皇帝以前，京察是无上的威权。五品以下的官吏，一经“察典”，便是终身的耻辱，于是就产生了另一个途径——破陈。自陈便是陈述个人的缺失，听候皇帝的处分。但是给事中、御史们，可以提出“京察拾遗”；经过“京察拾遗”的，官员便没有幸免的机会。这一次高拱和北京的言官闹翻了，因为要顾全身份，北京的言官到底不好提出拾遗，因此拾遗的责任落在南京的给事中和御史肩上。虽然有隆庆帝护着，可是一窝蜂的言官大有吃人的架势，高拱也不好意思在京城待了，于是提出辞职，回老家了。隆庆元年（1567）五月，高拱辞职。高拱辞职以后，言官对郭朴还是不断地攻击，到九月间，郭朴也辞职。这一次阁潮里，徐阶又取得了决定性的胜利。

当然这是一次严重的阁潮，然而张居正毕竟度过了，在左右为难中，总算没有得罪老师，也没有得罪朋友。言官们的嚣张气焰，给张居正留下一个不可磨灭的印象。言官们得到徐阶的保障，议论逐日地激昂起来。隆庆帝感觉厌倦，吩咐徐阶惩戒言官，徐阶只是传谕言官，自行省改，事情又平息下去了。

隆庆二年（1568）正月，张居正加少保兼太子太保。这一年上半年，政局又发生了一些波浪。内阁里面，除了徐阶、张居正，只有李春芳、陈以勤，没有了互掐的机会。可是隆庆皇帝的贪玩又惹出乱子来了，徐阶一再谏阻，却惹来皇帝的反感，给事中张齐又给徐阶提出一次弹劾。徐阶终于也受不了了，加上年纪也大了，跟严嵩斗了十几年也算是看透政坛了，况且自己培养的接班人张居正也完全能挑大梁了，所以他急流勇退，提出辞职，彻底回家养老了。

因隆庆皇帝对高拱离去及徐阶以“国师”自居的姿态心怀不满，虽有许多朝中官员挽留徐阶，但隆庆皇帝还是立即批准徐阶退休。徐阶辞职了，回到江南的故乡。临行的时候，徐阶把朝廷大事和个人家事，一切都托付给张居正。

第十二章
政治友谊

《陈六事疏》

在徐阶的一路提携下，张居正官运亨通，仅仅一年多时间，就从一个五品的翰林院学士，成为内阁辅臣。张居正刚入阁时，内阁辅臣分别为徐阶、李春芳、郭朴、高拱、陈以勤、张居正。辅臣中，徐阶、李春芳这些前辈都谦虚恭敬，礼贤下士，张居正资历最浅，却摆出一副丞相派头，傲慢对待其他部院官员，话语都切中要害，所以官员们对他的忌惮超出了其他阁臣。

等到徐阶退了，次辅李春芳成了首辅。李春芳是一个四平八稳的典型官僚，抱负、才干都不如徐阶，阁员大多看不起他，他也经常叹息："徐公如此能耐尚且被赶走，我哪能长久，就过一天算一天吧。"

隆庆二年（1568），张居正向皇帝呈报很有分量的《陈六事疏》，没有得到执行。《陈六事疏》是一篇政论文，针对国家现存弊病以及纠正方法进行了系统的陈述。本疏亦成了日后"江陵柄政"期间施政方针的蓝本，是张居正政治理念最重要的体现。

> 闻帝王之治天下，有大本，有急务；正心修身，建极以为臣民之表率者，图治之大本也；审几度势，更化宜民者，救时之急务也。大本虽立，而不能更化以善治，譬之琴瑟不调，不解而更张之，不可鼓也。恭惟我皇上，践祚以来，正身修德，讲学勤政，惓惓以敬天法祖为心，以节财爱民为务：图治之大本，即以立矣。但近来风俗人情，积习生弊，有颓靡不振之渐，有积重难反之几，若不稍加改易，恐无以新天下之耳目，一天下之心志。臣不揣愚陋，日夜思惟，谨就今时之所宜者，条为六事，开款上请，用备圣明采择。臣

又自惟，幸得以经术，遭逢圣主，备位辅弼，朝夕与同事诸臣，寅恭谐协，凡有所见，自可随事纳忠，似不必更有建白。但臣之愚昧，窃见皇上有必为之志，而渊衷静默，臣下莫能仰窥；天下有愿治之心，而旧习因仍，趋向未知所适。故敢不避形迹，披沥上陈，期于宣昭主德而齐一众志，非有他也。伏乞圣慈垂鉴，俯赐施行，天下幸甚，臣愚幸甚。计开：

一、省议论

臣闻天下之事，虑之贵详，行之贵力，谋在于众，断在于独。汉臣申公云："为治不在多言，顾力行如何耳。"臣窃见顷年以来，朝廷之间，议论太多，或一事而甲可乙否，或一人而朝由暮跖，或前后不觉背驰，或毁誉自为矛盾，是非淆于唇吻，用舍决于爱憎，政多分更，事无统纪。又每见督抚等官，初到地方，即例有条陈一疏，或漫言数事，或更置数官，文藻兢工，览者每为所眩，不曰"此人有才"，即曰"此人任事"。其实莅位之始，地方利病，岂尽周之？属官贤否，岂能洞察？不过采听于众口耳。读其辞藻，虽若灿然，究其指归，茫未有效。此其久也，或并其自言者而忘之矣。即如昨年，皇上以虏贼内犯，特敕廷臣，集议防虏之策。当其时，众言盈庭，群策毕举，今又将一年矣，其所言者，果尽举行否乎？其所行者，果有实效否乎？又如蓟镇之事，初建议者曰"吾欲云云"，当事者亦曰"吾欲云云"，曾无几何，而将不相能，士哗于伍，异论繁兴，讹言踵至，于是议罢练兵者，又纷纷矣。

臣窃以为事无全利，亦无全害，人有所长，亦有所短，要在权利害之多寡，酌长短之所宜，委任责成，庶克有济。今始则计虑未详，既以人言而遽行，终则执守靡定，又以人言而遽止，加之爱恶交攻，意见横出，谗言微中，飞语流传，寻之莫究其端，听者不胜其眩，是以人怀疑贰，动见诪张，虚旷岁时，成功难睹。语曰："多指乱视，多言乱听！"此最当今大患也。伏望皇上自今以后，励精治理，主宰化机，扫无用之虚词，求躬行之实效。欲为一事，须审之于初，务求停当，及计虑已审，即断而行之，如唐宪宗之讨淮蔡，虽百方阻之，而终不为之摇。欲用一人，须慎之于始，务求相应，既得其人，则信而任之，如魏文侯之用乐羊，虽谤书盈箧，而终不为之动。再乞天语，叮咛部院等衙门，今后各宜仰体朝廷省事尚实之意，一切奏章，务从简切，是非可否，明白直陈，毋得彼此推诿，徒托空言。其大小臣工，亦各宜秉公持正，以诚心直道相与，以勉修职业为务，反薄归厚，尚质省文，庶治理可兴，而风俗可变也。伏乞圣裁。

二、振纪纲

臣闻人主以一身而居乎兆民之上，临制四海之广，所以能使天下皆服从其教令，整齐而不乱者，纲纪而已。纲如网之有绳，纪如丝之有总。诗曰："勉勉我王，纲纪四方。"此人主太阿之柄，不可一日而倒持者也。臣窃见近年以来，纪纲不肃，法度不行，上下务为姑息，百事悉从委徇，以模棱两可谓之调停，以委屈迁就谓之善处，法之所加，唯在于微贱，而强梗者虽坏法干纪而莫之谁何。礼之所制，反在于朝廷，而为下者或越理犯分而恬不知畏，陵替之风渐成，指臂之势难使。贾谊所谓跖戾者，深可虑也。然人情习玩已久，骤一振之，必将曰："此拂人之情者也。"又将曰："此务为操切者也。"臣请有以解之，夫徇情之与顺情，名虽同而实则异，振作之与操切，事若近而用则殊，盖顺情者因人情之所同欲者而施之，《大学》所谓"民之所好好之，民之所恶恶之"者也。若徇情则不顾理之是非，事之可否，而惟人情之是便而已。振作者谓整齐严肃，悬法以示民而使之不敢犯，孔子所谓"道之以德，齐之以礼"者也。若操切则为严刑峻法，虐使其民而已。故情可顺而不可徇，法宜严而不宜猛。伏望皇上奋乾刚之断、普离照之明，张法纪以肃群工，揽权纲而贞百度，刑赏予夺，一归之公道而不必曲徇乎私情，政教号令，必断于宸衷而毋致纷更于浮议。法所当加，虽贵近不宥，事有所枉，虽疏贱必申。仍乞敕下都察院查照嘉靖初年所宪纲事理，再加申饬。秉持公论，振扬风纪，以佐皇上明作励精之治，庶体统正，朝廷尊而下有法守矣，伏乞圣裁。

三、重诏令

臣闻君者，主令者也，臣者行君之令而致之民者也。君不主令则无威，臣不行君之令而致之民则无法，斯大乱之道也。臣看得旧规，凡各衙门章奏奉旨，有某部看了来说者，必是紧关事情、重大机务；有某部知道者，虽若稍缓，亦必合行事务，或关系各地方民情利病，该衙门自宜恭酌缓急，次第题覆。至于发自圣衷，特降敕谕者，又与泛常不同，尤宜上紧奉行，事乃无壅。盖天子之号令，譬之风霆，若风不能动而霆不能击，则造化之机滞而乾坤之用息矣。臣窃见近日以来，朝廷诏旨，多废格不行，抄到各部，既从停阁，或已题奉钦依，一切视为故纸，禁之不止，令之不从。至于应勘应报，奉旨行下者，各地方官尤属迟慢，有查勘一事而数十年不完者，文卷委积，多致沉埋，干证之人，半在鬼录，年月既远，事多失真，遂使漏网终逃。国有不伸之法，覆盆自苦，人怀不白之冤，是非何由而明？赏罚何由而当？伏望敕下部、院等衙门，凡大小事务，既奉明旨，须数日之内，即行题复，若事了然，明白易见者，即宜据理剖断，毋但诿之抚、按议处，以至耽延。其有合行议勘问奏者，亦要酌量事情缓急，道里远近，严立限期，责令上紧奏报，该部置立号簿，发记注销。如有违限不行奏报者，从实查参，坐以违制之罪，吏部即以此考其勤惰，以为贤否，然后人思尽职而事无壅滞也。伏乞圣裁。

四、核名实

臣闻人主之所以驭其臣者，赏罚用舍而已。欲用舍赏罚之当，在于综核名实而已，臣每见朝廷欲用一人当事者，辄有乏才之叹。窃以为古今人才，不甚相远，人主操用舍予夺之权，以奔走天下之士，何求而不得，而曰“世无才焉”！臣不信也。惟名实之不核，拣择之不精，所用非其所急，所取非其所求，则士之爵禄不重，而人怀侥幸之心，牛骥以并驾而俱疲，工拙以混吹而莫辨，才恶得而不乏，事恶得而有济哉！臣请略言其概。夫器必试而后知其利钝，马必驾而后知其驽良，今用人则不然，称人之才，不必试之而以事，任之以事，不必更考其成，及至偾事之时，又未必明正其罪。椎鲁少文者以，无用见议，而大言不当者，以虚声窃誉；倜傥沉直者，以忤时难合，而脂韦逢迎者以巧宦易容；其才虽可用也，或以卑微而轻忽之，其才本无取也或以名高而尊礼之；或因一事之善而终身借之以为资，或以一动之差而众口訾之以为病。加以官不久任，事不责成，更调太繁，迁转太骤，资格太拘，毁誉失实。且近来又有一种风尚，士大夫务为声称，舍其职业，而出位是思，建白条陈连篇累牍，至核其本等职业，反属茫昧。主钱穀者不对出纳之数，司刑名者未谙律例之文，官守既失，事何由举，凡此皆所谓名与实爽者也。如此则真才实能之士何由得进，而百官有司之职何由得举哉。故臣妄以为，世不患无才，患无用之之道，如得其道则举天下之士，唯上之所欲为无不应者。臣愿皇上慎重名器，爱惜爵赏，用人必考其终，授任必求其当，有功于国家，即千金之赏，通侯之印，亦不宜吝，无功于国家，虽颦睨之微，敝袴之贱，亦勿轻予。仍乞敕下吏部严课之法，审名实之归，遵照祖宗旧制，凡京宫及外官三六年考满，毋得概引复职，滥给恩典，须明白开具称职平常不称职，以为殿最，若其功过未大显著，未可遂行黜涉者，乞将诰敕勋阶等项酌量裁与，稍加差等，以示激劝。至于用舍进退，一以功实为准，毋徙眩于声名，毋尽拘于资格，毋摇之以毁誉，毋杂之以爱憎，毋以一事概其平生，毋以一眚掩其大节。在京各衙门佐贰官，须量之才器之所宜者授之，平居则使之讲究职业，赞佐长官，如长官有缺即以佐贰代之，不必另索其属官，有谙练故事，尽心官守者，九年任满亦照吏部升授京职，高者即转本衙门堂上官，小九卿堂官，品级相同者，不必更相调用，各处巡抚官果于地方相宜久者，或就彼加秩，不必又迁他省，布按二司官如参议久者即可迁参政，从事久者即可升副使，不必互转数易以滋劳扰，如此则人有专职，事可责成，而人才亦不患其缺失矣，此外如臣言有未尽者，亦乞敕下该部，悉心请求条列具奏。伏乞圣裁。

五、固邦本

臣闻帝王之治，欲攘外者必先安内，书曰民为邦本，本固邦宁。自古极治之时，不能无夷狄盗贼之患，唯百姓安乐，家给人足，则虽有外患而邦本深固，自可无虞，唯是百姓愁苦思乱，民不聊生，然后夷狄盗贼乘之而起。盖安民可以行义，而危民易与为非，其势然也。恭惟皇上嗣登大宝，首下蠲恤之诏，黎元忻忻，方切更生。独昨岁以元年，蠲赋一半，国用不足，又边费重大，内帑空乏，不得已差四御史分道督赋，三督御史清理屯盐，皆一时权宜以佐国用之急。而人遂有苦其搜刮者，臣近日访之外论，皆称不便，缘各御史差出，目见百姓穷苦亦无别法，清查止将官库所储，尽行催解。以致各省库藏空虚，水旱灾伤视民之死而不能赈，两广用兵供饷百出而不能支，是国用未充而元气已耗矣。臣窃以为天之生财，在官在民，止有此数，譬之于人，禀赋强弱自有定分，善养生者唯樽节爱惜，不以嗜欲戕之，亦皆足以却病而延寿。昔汉昭帝承武帝多事之后，海内虚耗，霍光佐之节俭省用，与民休息，行之数年，百姓阜安，国用遂足。然则与其设法征求，索之于有限之数以病民，孰若加意省俭，取之于自足之中以厚下乎。仰惟皇上即位以来，凡诸斋醮土木淫侈之费悉行停革，虽大禹之克勤克俭不是过矣，然臣窃以为，矫枉必须过正，当民穷财尽之时，若不痛加省节，恐不能救也。伏望皇上轸念民穷，加惠邦本，于凡不急工程，无益征办，一切停免，敦尚俭素以为天下先。仍乞敕下吏部，慎选良吏，牧养小民，其守令贤否殿最，惟以守己端洁，实心爱民乃与上考称职，不次擢用，若但善事上官，干理薄书而无实政及于百姓者，虽有才干局止于中考，其贪污显著者，严限追赃，押发各边，自行输纳，完日发遣发落，不但惩贪，亦可以为实边之一助，再乞敕下户部，悉心讲求财用之所以日匮者，其弊何在，今欲措理其道何由，今俗侈靡，官民服舍俱无限制，外之豪强兼并，赋役不均，花分诡寄，恃顽不纳田粮，偏累小民。内之官府造作，侵欺冒破，奸徒罔利，有名无实，各衙门在官钱粮，漫无稽查，假公济私，官吏滋弊。凡此耗财病民之大者，若求其害财者而去之，则亦何必索之于穷困之民，以自耗国家之元气乎。前项催督御史事完之后，宜即令回京，此后不必再差，重为地方之病。其屯监各差都御史，应否取回别用。但责成于该管抚按使之悉心清理，亦乞敕下该部从长计议，具奏定夺，以后上下唯务清心省事，安静不扰，庶民生可遂而邦本获宁也，伏乞圣裁。

六、饬武备

臣惟当今之事，其可虑者，莫重于边防，庙堂之上，所当日夜图画者，亦莫急于边防。迩年以来虏患日深，边事久废，比者屡蒙圣谕，严饬边臣，人心思奋，一时督抚将领等官，颇称得人，目前守御似亦略备矣。然臣以为，虏如禽兽然，不一创之，其患不止，但战乃危事，未可易言，应从容审图，以计胜之耳。今之上策莫如自治，而其机要所在，惟在皇上赫然奋发，先定圣志，圣志定，而怀忠蕴谋之士得效于前矣，今谭者皆曰吾兵不多，食不足，将帅不得其人，臣以为此三者皆不足患也。夫兵不患少而患弱，今军伍虽缺，而粮籍具存，若能按籍征求，清查影占，随宜募补着实训练，何患无兵。捐无用不急之费，并其财力以抚养战斗之士，何患无财。悬重赏以劝有功，宽文法以伸将权，则忠勇之夫孰不思奋，有何患于无将。臣之所患，独患中国无奋发励激之志，因循怠玩，姑务偷安，则虽有兵食良将，亦恐不能有为耳。故臣愿皇上急先自治之图，坚定必为之志，属任谋臣，修举实政，不求近功，不忘有事，熟计而审行之，不出五年，虏可图矣。至于目前自守之策，莫要于选择边吏，团练乡兵，并守墩堡，令民收保，时简精锐，出其空虚以制之。虏即入犯，亦可不至大失。此数者，昨虽已经阁部议行，臣犹恐人心玩愒日久，尚以虚文塞责。伏乞敕下兵部，申饬各编督抚，务将边事着实举行，俟秋防毕日，严查有无实效，大行赏罚。庶沿边诸郡，在在有备而虏不敢窥视也。再照祖宗时，京营之兵数十万，今虽不足，尚可得八九万人，若使训练有方，亦岂尽皆无用？但士骄惰，法令难行，虽春秋操练，徒具文耳。臣考之古礼，及我祖宗故事，俱有大阅之礼，以细武事而戒不虞。今京城内外，守备单弱，臣常以为忧。伏乞敕下戎政大臣，申严军政，设法训练，每岁或间岁季冬农隙之时，恭请圣驾亲临校阅。一以试将官之能否，一以观军士之勇怯，有技精艺熟者，分别赏赉，老弱不堪者，即行汰易。如此，不惟使辇毂之下，常有数万精兵，得居重而驭轻之道，且此一举动，传之远近，皆知皇上加意武备，整饬戎事，亦足以伐狂虏之谋，销未萌之患，诚转弱为强之一机也。伏乞圣裁。

《陈六事疏》主要包括以下内容：

第一条针对官场遇事就议论，你一言我一语，个个长篇大论文采飞扬，却都是徒有其表的漂亮话，是没有任何操作性的大话空话，也提不出有针对性的解决问题的措施，于是事情久而不决，不了了之，即便议论出个思路，也没有严格执行。张居正提出少发议论，多干实事；谋划要依靠众人，决断却要独裁，一旦考虑周详，就要不折不扣地执行。

第二条针对官场上下姑息迁就，办事推诿，法律只对百姓起作用，有权势的却可以胡作非为。张居正提出加强法纪，统一号令；触犯法律者，即便是高贵而亲近的人，也绝不宽恕；受到冤枉者，即使疏远而低贱，也必须申冤。

第三条针对吏治败坏，对官员考成流于形式，朝廷的政令被各级政府看作一纸空文，根本不照办。张居正提出朝廷要慎重制定政令，一旦制定就要令行禁止，不折不扣地执行；特别向皇帝提出，指示六部、都察院等衙门，凡是大小事务，既然有明确旨意，就要按期答复，事理清楚的，应该做出决断，不得推诿给巡抚、巡按议论处理；交给地方政府办理的事项，要根据轻重缓急、路程远近，严格规定期限，由中央政府有关部门设立号簿，登记注销；有违反期限或者不报告的官员要严惩，吏部将此作为官员考成依据。

第四条针对人事部门官员借口天下缺乏人才，故意失职懈怠，导致人才选拔流于形式，良莠不分。张居正提出“核名实”，就是官员的任用和罢免，奖赏与惩罚，要通过综合考核名声和实务确定；特别提出“至于用舍进退，一以功实为准，毋徙眩于声名，毋尽拘于资格，毋摇之以毁誉，毋杂之以爱憎，毋以一事概其平生，毋以一眚掩其大节”，对于官员选用，要以事功和实绩为唯一标准，不要拘泥资格，不要听信舆论褒贬，不要掺杂个人好恶情感，不要因一件事概括全部，不要以一点过失掩盖个人大节，希望皇帝指示吏部，严格实行官员考核制度，京官三年一次，外官六年一次，必须有称职、平常及不称职的考核结果。

第五条针对连年财政入不敷出、民穷财经的现状，张居正提出朝廷要带头厉行节约，凡是不紧急的工程、没有益处的征办，一概停免，并且指示户部，悉心研究财政入不敷出的根源。

第六条针对北方蒙古的侵扰越来越严重，而边防废弛，张居正提出加强边防。

张居正的《陈六事疏》切中时弊，而且切实可行，皇帝颇为欣赏，做出“皆深切时务”的批示，要有关部门研究并提出方案。于是，都察院对“振纪纲”“重诏令”提出具体方案，兵部对“饬武备”提出具体方案，户部对“固邦本”提出具体方案。

前期工作大张旗鼓地搞完了，该落实时，却因内阁首辅李春芳是一个“一味甘草，二字乡愿”的人物，不想有所作为，只想明哲保身混日子，次辅陈以勤明白李春芳意图，也不置可否，于是张居正的治国理念最终付诸东流。

张居正蔑视李春芳的不作为，评价他“不足与有为”。不久，赵贞吉入内阁，排位在张居正之下，却以前辈自居，直呼张居正为“张子”，朝政中还动不动训斥“张子”，摆出一副长辈派头。张居正对李春芳、赵贞吉不满，就暗中与司礼监太监李芳等人密谋策划，鼓动皇帝重新召高拱入阁，并且兼任吏部尚书，来遏制赵贞吉，削夺李春芳的权力。

高拱复出

高拱和隆庆帝的关系十分亲密。在裕王府邸九年里，高拱为裕王讲授经筵，敷陈剀切，谨慎用事。裕王深受教益，二人建立了深厚的王臣、师生关系。高拱离王府后，“府中事无大小，（裕王）必令中使往问”，裕王还先后手书“启发弘多”“怀贤”“忠贞”等字赠赐高拱。嘉靖四十年（1561）景王入藩之国，裕王为嗣的地位开始明朗，因而高拱与裕王的这层关系，不仅使高拱的上司、同僚对他刮目相看、趋之若骛，而且也奠定了以后他在政治上大大发挥作用的基础。

隆庆三年（1569）十二月，冷落了一年多的高拱接旨后，不顾腊月严寒，日夜兼程，直奔京城，官复原职，并且兼掌吏部。言官原多与高拱有隙，故人多不自安。胡应嘉闻高拱复出，被吓破胆而亡，欧阳一敬也在解官归田途中郁郁而死，一时人心惶惶。高拱通过门生心腹散布言论，安抚言路诸官，“徐阶昔日对我有恩情，后来因为小事不睦，不足以怨恨”“我自当彻底改变过去不好的思想和念头，与诸君共同治理朝政”。高拱言之凿凿，颇为大度，于是人心稍安。

这时候，老成持重的李春芳是内阁首辅，可是他并没有什么主见，只是充当好好先生，明哲保身。他很清楚高拱与隆庆帝的关系，也很清楚高拱的野心与为人，所以不久之后也主动辞职了。咄咄逼人的高拱把首辅李春芳挤走后，就成了内阁首辅。

高拱与张居正的关系非常微妙。高拱比张居正大十三岁，中进士也比张居正早六年，说起来，他应该算是张居正的前辈。高拱这个人很有学问，也很有能力，但因为人比较傲，从来不肯轻易依附于哪一个政治集团，所以一直也没得到过重用。他很早就被选到裕王府当侍讲，也就成了后来隆庆帝的第一个老师。张居正曾经在回忆中把自己和高拱的关系比作西汉宰相萧何曹参、丙吉魏相这样的好搭档，又说自己与高拱是“生死之交”。在隆庆五年（1571）十二月高拱六十大寿的时候，张居正还撰写文章，将隆庆皇帝比作周成王，将高拱比作周公，将自己比作召公，说“即余驽下，幸从公后……公每降心相从，宫府之事，悉以谘之，期于周、召夹辅之谊，以奖王室”。

徐阶在扳倒严嵩之后，快速提拔了一些人，这其中就有高拱和张居正。严格来说，高拱并不算徐阶这边的人。作为嘉靖末年的执政大臣，徐阶已经明显看出裕王不久即将接嘉靖皇帝的班，所以他早在几年前就把张居正也安排进了裕王府做裕王的侍读讲师。在隆庆帝的各位老师里，高拱无疑是第一人，因为在裕王最无助的日子里，高拱就像父亲一样给了裕王最大的依赖。徐阶很清楚隆庆对高拱的感情，所以早早地就把高拱引入了内阁。

但张居正的入阁就不一样了。嘉靖四十五年（1566），也就是嘉靖朝的最后一年，张居正虽然是嘉靖朝国立大学的副校长，但论官阶不过是五品的翰林院侍读学士；到第二年，也就是隆庆元年（1567）正月里，徐阶就把张居正越级提为三品礼部右侍郎；又过了不到一个月，到二月初，在徐阶的力主之下，张居正居然以才干了不到一个月的礼部右侍郎的身份突然就进入了内阁，成为副宰相了。这不只是连升三级了，这在整个明代都是很少见的。徐阶也说这是引用了“特进”之例，也就是特别情况特别对待。

高拱改革

高拱的行政能力可谓杰出。《明史·高拱传》里说他是“练习政体，负经济才，所建白皆可行”。也就是说，有什么事到高拱手上，绝对不会积压下来的，有工作高拱立马解决，行政工作效率非常高。除旧立新是高拱执政的基调。高拱复出后，力反徐阶所为，重新评价嘉靖皇帝，停止不加澄辨的平反，从而创造了良好的君臣关系和政治氛围，为进一步改革找到了支点和依据。在隆庆帝的支持下，内阁首辅高拱开展了整顿和改革。高拱认为，“法不能无弊，行之既久，其弊更不可胜言”，主张“法与时迁，更法以趋时”。因此，高拱执政后，誓言“先立规模”——改革体制、健全制度。在高拱执政的短短两年半里，高拱对吏制、军政、边政、财政、司法等制度进行了一系列改革，动作最大的当数吏治的整顿——大力精简机构、裁汰冗员，就连太医院也由十二科缩减为十科；严抓考核关，对官员任职资格、选拔、回避、考核、赴任、请假等各个环节，都进行了前所未有的革新。吏部的考核制度更加完善，每个官员每月的情况都要汇总，年终统一考核，不合格就要严办；且明确官员考核定等及升降理由，做到以事实为依据。高拱尽改徐阶旧制，“授诸司以籍，使署贤否，志爵里姓氏”；有官员被黜，高拱必亲“告以故”，黜者“无不慑服”。他将每个官员详细信息做登记，包括是否贤良，被罢免的官员也告知原因，让众人信服。官员的提拔，高拱也改了规矩，鼓励大批非进士身份的官员入仕提拔；同时，地方官员等职务，则交给年富力强的官员，而盐政、马政等以往被人轻视的职务也格外重视，着力提高相关职务的待遇，并选拔才干。这样一来，明朝的吏治考核状况大大扭转，官场办事效率提升。

与此同时，高拱还改革军政，建立军事指挥官储备、选调、升迁系统。高拱认为，军事是专门的学问，主管军事的兵部官员，要有特殊的资格，并建立储备、调动、升迁的特殊体系，而不再与其他部门官员经常互调，按常规拔擢使用。于是，朝廷陆续出台了相关措施，对兵部官员的选任、调动、升迁、待遇等做出规定。高拱以尚书陈希学、曹邦辅，侍郎王遴各率师背城列阵以待；以京尹栗永禄、南都御史护守山陵；又起御史刘焘在天津守通粮；而以总督王崇古、谭纶专征剿无内顾；以侍郎戴才理军饷。由于布置周密，防范严谨，蒙古兵未敢入犯大明王朝。

高拱重视理财，树立养民为先的政绩观；对理财官任用、升迁制度进行改革。高拱同时提出，生财自有大道，聚财断不可变成敛财。他在《议处欠粮欠谷官员以图实效疏》中推出了多项改革措施，核心是改革对天下州县一体以税收指标完成情况考核官员的制度。他指出，对原系地方凋敝、百姓逃亡、田地抛荒甚多之州县，若一味下指标，是逼州县长行苛政，导官吏重殃其民，故改为以存恤贫困、召集流亡、开垦荒田，换言之以疏民困的情形来衡量官员政绩。

他执政期间，在短短一年多时间内，即在很大程度上扭转了国库严重亏空的局面。据专家岳天雷统计，高拱当政的隆庆五年（1571），相比徐阶当政的隆庆元年（1567），岁入增长53%以上，支出减少42%以上。明朝军队逢战必胜，隆庆四年（1570），俺答汗之孙把汉那吉来降，授予指挥使官衔。高拱在南方两广、云贵边事上亦颇多建树。隆庆初，广西古壮族人韦银豹等据寨反明，有司多次前往抚剿，都没有效果。高拱荐殷正茂为总督往剿。殷正茂任法严、善战，但性贪。高拱说："吾捐百万金予正茂，纵乾没者半，然事可立办。"其实，高拱在用殷正茂的同时，已着眼于提擢、培养本省人才，在两广郡县中"多除制科，宽其荐额，勿拘成数"，引导民风向上。不久，果然"乱民乐业而向化矣"。时人都以高拱为善用人。隆庆四年（1570），殷正茂征诸路汉土官兵十四万人，代替李迁镇压古田僮族韦银豹、黄朝猛之乱，分兵七道进，连破数十巢。黄朝猛死，韦银豹被手下人出卖，最终被捕。

在很长一段时间里，张居正与高拱的关系还是非常好的：张居正和大太监李芳一起策划了高拱的复出；高拱担任首辅后，张居正和高拱在很多事上都是通力合作的。

徐阶遇险

高拱非常有才干，在首辅大臣的位置上尽心尽力，各方面表现都非常出色，可是他也有一个非常突出的缺点，就是心眼儿小。所以高拱复职后，曾经弹劾他的一些大臣开始坐立不安，胡应嘉甚至过度惊吓而死。但高拱却通过门生传播“华亭有旧恩，后小相失，不足为怨”等言论，言辞颇有大度之气。大家刚刚松口气，形势立即再次紧张，因为高拱很快对徐家开始了报复行动：将旧账再翻一遍。

隆庆元年（1567），高拱指使手下言官弹劾徐阶，揭发徐阶的弟弟和三个儿子横行乡里，有凭有据，这激起了受徐阶保护的言官的愤怒。他们纷纷把矛头对准高拱，弹劾一次接着一次，高拱实在撑不下去，只好于隆庆元年五月间辞官回乡了。直到隆庆二年（1568），徐阶致仕后，高拱才作为顾命大臣重回朝廷。

徐阶辞职，高拱似乎又看到了希望，蠢蠢欲动，欲重归朝廷。恰巧，张居正惜于高拱的才干，向隆庆帝上奏重新召回高拱。第二年，经张居正推荐，高拱再度入阁成为次辅，当时的首辅为李春芳。令张居正没想到的是，高拱一门心思复仇。此时的徐阶已经远居江南老家，高拱仍挖空心思实施报复。

恰巧在此时，孙克弘案发，高拱终于找到了机会。隆庆五年（1571），孙克弘按照官场规则，派家人孙五到京打点，并给当朝首辅李春芳写了一封问候信。李春芳与孙克弘私交甚好，原因是嘉靖二十六年（1547），李春芳会试一甲第一名，孙克弘之父孙承恩则是当年的主考官，因此两人结下了友谊。

恩师的家人前来京城，李春芳理应接待，这本来也是情理之中的事。没想到孙五刚刚来到京城，就被高拱的手下韩楫、宋之韩捕获。原来，高拱为抓徐阶的把柄，专门派人监视松江来京人员。

那么，孙克弘与徐阶又是什么关系呢？其实，两者没有直接的来往，问题就出在李春芳身上。孙克弘与李春芳私交甚好，李春芳与徐阶都是前朝重臣，上任以来“萧规曹随”，况且对徐阶十分拥护，严格执行徐阶拟定的政策，而高拱处心积虑加害徐阶时，李春芳早就看不下去了，几番表现出同情。

高拱这招叫无中生有，借刀杀人。

孙五被韩楫、宋之韩等人逮捕以后，随身所带都是些孙克弘写给亲朋好友的书信。苦于找不到徐阶指使的证据，他们就一连几日严加审讯孙五，要孙五交代自己就是徐阶派来的奸细。孙五坚决不承认，韩楫、宋之韩并不甘心，决定来个移花接木，将一起与之不相干的案子牵扯进来。

当时，正好有两个松江人——顾绍、沈元亨来到京城告徐阶的状，说徐府家仆诓骗、延误转运颜料银。颜料银是宫廷征收的捐税，是后妃用的脂粉钱，因不纳入国库，所以很难算得清。徐阶连后宫的脂粉钱都敢贪，这两案牵扯在一起，隆庆皇帝勃然大怒。

趁此机会，高拱授意韩楫等人要将此事深究细追。就这样，孙五来京一事与徐府一案莫名其妙地联系到一起，并编造出一套说辞：顾绍、沈元亨来京告状，徐阶心里恐慌，特派孙五来京拦阻，并求重新起用。在韩楫、宋之韩等人的要挟下，孙五最终屈服于强权。

主审此案的京师巡城御史王元宾，受高拱、韩楫等人指使，对孙克弘大肆诋毁，最后孙克弘被罢免。

这还没算完，高拱从孙克弘案入手，顺藤摸瓜，趁机查封了徐府在城中开设的十余家布行，多名店工被逮捕，主要罪名是非法经营。徐阶多年经营的布行，在官场斗争中全部被查封。这也彻底摧毁了徐阶东山再起的可能性。

为此，朝廷还成立了“徐阶专案组”。这个“专案组”的组长，就是与徐阶有座主和门生之谊的蔡国熙。在蔡国熙的“努力”下，终于拟定“法办”徐阶三子——徐璠、徐琨充军，徐瑛革职为民，徐府家产全部充公。

徐阶由孙克弘案株连，栽了这么大一个跟头，元气大伤。

而徐阶的弟弟又去世了，经不住折腾，一向高傲的徐阶不得不低头给高拱写信，请他给徐家留条后路。可是高拱并未就此罢手，回信说，您年纪大了，就留守文渊阁吧，有事我们向您汇报就行。

徐阶立即明白他的意图，非常生气。张居正也无法忍受，出面极力劝说高拱，这场斗争才宣告结束。

没有彻底扳倒徐阶，高拱气还没出够，转而诬陷张居正，通过一些谣言，说张居正帮徐家是因为收了徐家三万两银子。对此，张居正十分气愤，当场指天发誓，予以否认。

第十三章
内阁闹剧

深厚友谊

高拱与张居正志趣相投，又是多年的好朋友，同朝为官，有过一段和平共处的时光，曾经都为彼此感到骄傲和自豪。

在翰林院共事期间，有一天，天高云淡，高拱突然来了兴致，与张居正相约到郊外香山秋游。

一路登上香山，来到最高处香炉峰，高拱指着远山近林对张居正说："太岳，你看如此大好江山，却国势衰颓，江河日下，真是令人扼腕叹息啊！"

张居正不像高拱那么多愁善感，只凝重地点了点头。高拱看张居正没说话，转过头对着张居正说："太岳，我看你和我一样，胸中自有沟壑，定非久居人下之人。你说，我们能为这国家做点什么呢？"

张居正年龄比高拱小，却显得老成持重一些，沉吟了一下，想起了诸葛亮的一句话，面对群山，手捻长髯，坚定地说："若他日身肩国事，定当鞠躬尽瘁，死而后已。"

高拱听了击掌叫好，说："好一句'鞠躬尽瘁，死而后已'。诸葛武侯虽然当年'出师未捷身先死'，但终究不负此生，应该无憾了。"

两人击掌为誓：他日登阁入相，定当勤力同心，振兴大明王朝。所以，《明史》上说他俩是"相期以相业"。

高拱出生于河南新郑的一个官宦世家，自幼颖敏勤奋，"五岁善对偶，八岁诵千言"，关注时政，胸怀大志。这一点与张居正十分相投。他们常常以"国器"自命，励志做房玄龄、杜如晦、司马光式的贤臣良相，甚至要超越这些人。两人志趣相投，初次相见，就有相见恨晚之感。闲暇之余，二人共同切磋治国安邦之道，每谈到默契处，不禁拍手称奇，相得甚欢。他们坚信自己能力挽狂澜于既倒，扶大厦之将倾。当时就有人说，数风流人物，还看“高、张”。起初，他们的通力合作，对于稳定隆庆初期的政治、社会还是起了很大作用的；最重要的事情还体现在辽王削藩时，面对外人对张居正的攻讦诋毁，高拱力挺张居正。

辽王被废

嘉靖二十九年（1550），是张居正踏入官场的第四个年头。嘉靖二十八年，张居正被授了个七品翰林院编修的职务时，他写出的《论时政疏》中专门提到宗室骄恣：

> 臣闻今之宗室，古之侯王，其所好尚，皆百姓之观瞻、风俗之移易所系。臣伏睹祖训，观国朝之所以待宗室者，亲礼甚隆，而防范亦密。乃今一二宗藩，不思师法祖训，制节谨度，以承天休，而舍侯王之尊，竞求真人之号，招集方术逋逃之人，惑民耳目。斯皆外求亲媚于主上，以张其势，而内实奸贪淫虐，陵轹有司，朘刻小民，以纵其欲。今河南抚臣又见告矣。不早少创之，使屡得志，臣恐四方守臣无复能行其志，而尾大之势成，臣愚以为非细故也。所谓宗室骄恣者此也。

在嘉靖的时候，要说宗室骄恣，就有点夸张，所以结合朱宪㸅对张居正的种种行为，事情就变得耐人寻味起来。

隆庆二年（1568），在张居正进入内阁一年多之后，御史陈省弹劾辽王朱宪㸅，诏令削去“清微忠教真人”名号，隆庆皇帝没考虑就直接应允下来。后来，巡按御史郜光先再弹劾辽王犯有十三条大罪，其中一条就是谋反罪。谋反罪是每个皇帝都十分重视的，这次张居正也感觉到事关重大，谋反罪怎么可以如此轻易就定罪。于是接到弹劾后，张居正建议必须派人前去调查一番，了解清楚再处置。隆庆皇帝就派了刑部侍郎洪朝选作为钦差大人直接到江陵去查这件事。

朱宪㸅是冤枉的，可事情往往弄巧成拙。朱宪㸅看朝廷竟然如此重视，还派了钦差大臣来，内心十分恐惧，居然惊天动地地鸣冤，还在府中竖起面白旗，写着“讼冤之纛”四个大字。这就是毫无政治头脑了，正好被陷害朱宪㸅的那些人抓住把柄。朱宪㸅本是鸣冤，但架势却像造反，这样一来事情便更复杂了。按察副使施笃臣正在江陵，认定辽王造反，立刻调军遣将，迅速调集五百个兵士，把辽王府围住，直待刑部侍郎到来。

这件事情还没结束，朝廷内部风波又起——有人诬陷这是张居正在为朱宪㸅开脱罪名，因为当初直接剿灭辽王多好，现在按察副使施笃臣发兵江陵，说明谋反已是事实。此时的隆庆帝也有点犹豫，自己重用的张爱卿怎么成了反贼呢？无论是与不是，还是先将张居正看押起来吧，平叛以后事情自会真相大白。关键时刻还是高拱站了出来，替张居正求情，说明事情原委，才打消关隆庆帝押张居正的念头。

同时，前去江陵调查的刑部侍郎洪朝选还算正直，搞清事情真相后，认为朱宪㸅没有反意，坚持不肯上报朱宪㸅是造反。但朝廷最终还是废了朱宪㸅辽王的封号，并将朱宪㸅贬为庶人，永远软禁起来。后来，这位曾经自以为牵着张居正鼻子走的辽王朱宪㸅就在高墙下度过了惨淡的余生，而辽王府竟成了张居正家在江陵的府第。辽王被废，所有辽府诸宗一概改属楚王管辖，由广元王管理辽府事。

内阁闹剧

复出后，高拱不但陷害徐阶，而且排挤其他大臣。这时候的内阁，只剩下三个人了。高拱赶走陈以勤、赵贞吉，原来的首辅老好人李春芳看到高拱势头太猛，自己很识趣地坚决辞职，把首辅的位置让给了高拱。次辅是张居正，还有一个叫殷士儋。隆庆五年（1571）的冬天，内阁中发生了一件很有意思的事情。

这一天，按照规矩，是个“会揖”的日子。明代的官僚制度，特别重视监察系统的作用。内阁成员作为实际上的宰相，主管国家行政系统；

而都察院作为最高监察机构，主管各科给事中，也就是那些言官。给事中的官职虽然不高，一般也就是七品，但他们不仅可以风闻言事，也就是听到点风声，也不搞调研就可以议论朝政；另外，他们还可以越级言事，就是不管是内阁首辅还是各部尚书，哪怕当朝一品、二品大员，可以直接弹劾。

因为言官的地位这么重要，所以明代规定，每逢初一、十五，给事中们都要到内阁跟大学士们见个面。因为给事中们一般比较年轻，所以会见的时候，他们往往要给那些年纪较大的阁老作揖，所以就叫“会揖”。

本来从制度上看，这种会揖是对监察制度的一种修正，但因为官场上帮派林立，给事中也是分跟谁的，所以这种会揖最后也就只是个形式。

这一天刚好是会揖的日子，给事中们就到内阁来见这些宰相了。高拱这时候是“一股独大”，给事中大多是他那个帮派里的人，所以大家的热脸都往他那儿贴。可殷士儋却看不过去了，尤其当他看到一个叫韩楫的给事中在给高拱行礼的时候，他的火腾地一下就上来了。殷士儋是山东人，并且也很有才学，是当时的名士，曾经在隆庆帝继位之前做过裕王府的讲师，也就是跟高拱、张居正一样，做过隆庆帝的老师。隆庆帝继即位后，殷士儋看到高拱、张居正，包括当时同在裕王府当讲师的陈以勤都入了阁，自己就很着急。

他看高拱势力大，就以当年同事的关系来走高拱的门路，可是高拱就是不买账。因为高拱这时候刚好想提拔一个叫张四维的亲信进入内阁，好不容易挤走了内阁中原来几个跟自己不对路的人，不能再放一个脾气倔的殷士儋进来了。

可是殷士儋却走通了大太监陈洪这条路，并且很快于隆庆五年（1571）初也进入了内阁。于是高拱非常看不起他，动不动指使手下言官弹劾他。

高拱让手下言官弹劾殷士儋的理由居然是说殷士儋入阁是由太监陈洪帮忙，这怎么能担当国家宰相呢？根本不应该让殷士儋参政。

在几篇弹劾文章之后，殷士儋上疏抗辩，说自己身正不怕影子斜。看到前面的人没把这个殷士儋扳倒，给事中韩楫就放出话来，说那些都是小场面，我这个重量级选手要出招了，这次绝对一击必中，上一道奏章，让殷士儋立刻滚蛋。这话京城里已经传遍，所以殷士儋一看到韩楫，就不由得怒火中烧。

殷士儋看韩楫拜见完高拱，正好转过身来脸冲着自己，立马笑眯眯地一拱手。因为是会揖嘛，互相参见问候那是规矩，再加上他又是阁老，韩楫不得已，只得拱手弯身施礼，说了句："殷阁老！"

可是殷士儋的耿直脾气上来了，带着冷笑看着刚刚直起腰来的韩楫说："听说你韩楫对我不满意啊，还放出狠话来要怎么怎么的。对我不满意没关系，可你姓韩的也犯不着给别人当枪使啊！"

这边韩楫倒没想到殷士儋这么直，一下就愣住了，脸憋得通红。他愣了一下，刚想解释两句，结果还没等他说话呢，高拱就先忍不住了，一下站了起来。

因为高拱也是个直脾气，立即一拍桌子站起来喊道："不像话，太不像话了！这成什么体统了！"

这一下，殷士儋也忍不住了，指着高拱的鼻子就骂开了："什么体统不体统！你高拱还好意思谈体统？！驱逐陈阁老的是你，驱逐赵阁老的是你，驱逐李阁老的也是你！你现在为了提拔亲信张四维，如今又来挤对我。难道这个内阁就永远是你一个人的吗？"

这还不打紧，殷士儋说完一撸袖子，上来一把揪住高拱的衣领子，就要揍他。这下高拱傻眼了。他虽然是内阁首辅，一人之下万人之上，平常跩得很，但论打架，他一个快六十岁的小老头，哪打得过山东大汉殷士儋呢？这时候各给事中也傻眼了，虽然有不少是高拱的人，但是这是副宰相跟宰相打架，他们想掺和也没资格啊。眼看就要上演一场闹剧，并且还准能传出笑柄，堂堂宰相居然和副宰相在办公的地方干上了。这时候张居正出手了，把殷士儋紧紧抱住，于是高拱才免挨了一顿揍。有人认为张居正要是存心害高拱，或者存心要高拱难看，完全可以假意相劝，先让高拱挨顿揍，出丑出够了再说，这样殷士儋和高拱两个人的脸面就都丢尽了，谁也不好意思再在官场上混了，张居正自然就可以渔翁得利，内阁就可以只剩他一人了。可是细细推敲，这是行不通的，因为张居正是个大智慧者，绝不会用小孩过家家的方式处理问题，并且他非常沉稳，所以即使有意见也不会表现得那么突出，这个招式太烂了，他肯定干不出来。再说，事情不是高拱挑起来的，并且高拱又有皇帝护着，高拱怎么都占理，高拱干吗挨了打还要回家啊？再说高拱他这人极其贪恋权力，会那么容易放弃权力？还有一点，当时有资格劝架的只有张居正，到时候一问起来，张居正怎么解释？能混到那个层面的都是人精级别的人物，真伪一眼就能辨出，骗不了任何人，所以张居正劝架的行为十分正常。

殷士儋继续将高拱一顿痛骂，发泄完毕后立即很踆地回家，写了奏疏，请求辞官返归故里。隆庆帝旨准并赐给殷士儋道里费，仍领薪俸。

殷士儋回济南后，选定元代万竹园故址为栖身之处，筑室于泺水之滨，取名“通乐园”，在园内垒山叠石，疏泉筑亭，构舍植花，着书讲学，从者如云。他居家十一年，于万历九年（1581）去世，葬于历城党家庄东凤凰山南麓。朝廷追增殷士儋为太保，谥号“文通”，后改谥号为“文庄”。

张居正的危机

时间过去三四年，经过一系列事件后，张居正发现现实并没有当初两人相约时那么美好。对于官场人来说，在权力面前最能看清楚一个人，张居正也逐步看清了高拱的为人。他们并不能和睦相处，无论从人品还是性格上都是两条车道上的车。

徐阶败了，李春芳也被挤走。隆庆三年（1569）十二月，高拱利用和内廷宦官的关系，以及与隆庆皇帝的特殊关系，没过多久官复原职，并且兼掌吏部，咄咄逼人地成了内阁首辅，一时间大权独揽。高拱与张居正的关系也变得微妙起来。

高拱这个人很有学问，然而，回朝为官的高拱做了些什么呢？他公报私仇，打击异己，独揽朝权，这与当初的严嵩有什么区别？

张居正虽然看不惯高拱的种种行为，也想与之抗衡，建一个清明世界，但他想清楚了，在目前这个权力中心，大明王朝并不稳定，皇帝软弱，内阁争斗，边关危机……很多人期盼着大明的权力系统能出现张、高二人同心同德、共辅明主的美好局面。

因此，他不会像殷士儋那样简单粗暴地去对抗，更不会像昔日的徐阶与严嵩那样公开斗狠，宁愿放下个人恩怨，团结高拱，治理大政。

张居正不想与高拱搞得太僵是出于大义，因为此时的大明帝国处在一个关键时期：首先是这个帝国的权力核心隆庆皇帝担不起治理国家这个担子，更多的是需要内阁大臣精诚团结。

隆庆皇帝的尴尬

万历帝在位四十八年，嘉靖帝在位四十五年，隆庆皇帝朱载垕主政六年，对于两个长达四十多年的执政期，短短六年如白驹过隙；再加上隆庆皇帝从父亲嘉靖皇帝朱厚熜手中接过权柄时已经三十岁，长期生活在嘉靖皇帝的阴影之下，人生处于一种灰色状态，继位后也没有什么突出贡献。

历史上仅仅把隆庆帝看成是帝国皇权递延的一个过渡式人物。

朱载垕智力平平，笨口拙舌，优柔寡断，经常沉默不语。正因为如此，有的大臣甚至以为皇帝是哑巴，还有的大臣认为皇帝是一个智力迟钝的精神病患者。

这与隆庆帝的生存环境息息相关。朱载垕是嘉靖皇帝的第三个儿子，前两子和后四子都夭折，最后只剩下他和皇四子朱载圳（封景王，嘉靖四十四年去世）。然而，作为皇长子的他并没有被立为太子，即便后来被立为太子，也是迫于形势，因为嘉靖帝其他几个儿子相继去世，就剩下他这个独苗苗。

尽管如此，嘉靖皇帝也从来没有表现出对自己这个将来的接班人应有的恩宠，因此，这个太子也从没享受到一个太子应有的待遇。以至于有官员私下里议论，朱载垕只是一个挂名太子，最后能不能顺利完成权力的交接还是未知数。

嘉靖四十五年（1566），在漫长的等待过程中，朱载垕终于登基，是为明穆宗，年号隆庆。

他虽登基了，却没有表现出一个国家领袖应有的魄力和底蕴，常常以隐形人的姿态示人。在朝廷上，他甚至连场合上该说的套话都无法说完，干脆让大学士们代他发言。有时文官们想让皇帝在百官面前树立一个正面的形象，就会拉他参加一些场面盛大的典礼。但是朱载垕的表现往往让他们大失所望，他压根不愿做一个场面上的政治人物。

或许是误打误撞，也或许是故意为之，隆庆皇帝在政治上表现出来的无能，或不愿干预朝政的超然态度，并没有令大明陷入绝境，而在某种程度上使得手下那些有能力的文官放手去行使朝廷赋予的权力，收到超越正德、嘉靖两朝的治理效果，偌大的一个国家依然井然有序，进入相对稳定和繁荣的时期。

此时的大明虽呈现出短暂的中兴迹象，但犹如回光返照，并不代表隆庆帝的无为而治是正确的，恰恰相反，朝政被操纵在一批政治狂人手里。当时，内阁人才辈出，无论是大学士徐阶，还是紧随其后的高拱和张居正，哪一个不是精明强干？

隆庆皇帝在位的六年时间里，所推行的政令可以用“简单”二字来形容。皇上不作为，大臣们才有了放手干的权力，大大解放了朝廷上那些有才华的人。但是，这也为大明的权力运行埋下了太多隐患。

比如内阁之争，辅政的各大臣之间争权夺利，互相倾轧，就连宫中那些掌权的太监也都裹入其中。隆庆三年（1569）十二月，内阁迎来了一场大风波。吏部尚书杨博致仕，高拱入内阁。高拱能够入阁，完全是宫中太监从中周旋的结果。太监孟冲、陈洪都与高拱有密切来往。

朱载垕是个宽厚之人，但是因为他和大臣平日里联系极少，所以在关键时刻能够左右他的思想与行为方式的往往是那些伺候在他身边的内监。隆庆初年，最得朱载垕信任的太监是腾祥、孟冲、陈洪这帮人。他们有事没事就喜欢领着朱载垕吃喝玩乐，消磨皇帝的意志。

陈洪虽然没什么才能，但善于用奇技淫巧赢得皇帝信任，一度是宫廷要人。这难免不让人联想起唐文宗时期的当权宦官仇士良。仇士良是一个穷凶极恶之人，杀二王、一妃、四宰相，把持朝政二十余年，将坏事做尽，却依然能够享受到皇家的礼遇。陈洪被高拱拉拢之后，对于高拱巩固地位、扩大势力起到了很大作用。

高拱还兼任着吏部尚书，这也预示着从此以后，内阁和吏部的大权将集中到高拱一个人手里，成为名副其实的首席内阁大学士。

高拱最大的缺点是人比较傲，谁也不放在眼里，所以以前没有得到重用。他一生最成功的地方就是忠诚于隆庆帝。当隆庆帝还是一个无权无势的皇子时，他就陪伴左右，并且甘愿为裕王出生入死；隆庆帝继位后，他终于有了出头之日；再加上隆庆帝生性软弱，对他言听计从，十分尊敬，甚至有点畏怯。

入阁后，首辅徐阶与高拱的矛盾逐渐呈现出来。在隆庆初年，两人虽共事一处，但貌合神离，矛盾逐渐白热化。张居正不想让自己卷入无休止的争斗中，尽管双方都有意拉拢他，但他从来不做任何重要政治决断。

第十四章
边关危机

令人费解的事

隆庆四年（1570），忽然有一天，边关的明军突然开始紧急戒备，并派出快马，告知新上任的王崇古总督：俺答汗的孙子把汉那吉突然来到边关，向明廷投降。这是件令人费解的事。原来把汉那吉要娶兔扯金的女儿为妻，但俺答汗却将兔扯金的女儿据为己有，把汉那吉一怒之下投奔明朝。可是这位孙媳妇是把汉那吉姑姑家的表妹，也是俺答的外孙女。把汉那吉愤怒了：好不容易找了个老婆，竟然被爷爷抢走了！于是把汉那吉感觉没法混了，就投奔明朝了。

可他等到的不是王崇古的夸奖，而是一番严厉的训话：自今日起，全军收缩，准备迎战！此外王崇古还有一条特别的声明：副将（副总兵级别）以上军官一律不得外出作战！明廷方面封把汉那吉为指挥使，俺答汗前来关下要人，明廷方面不给。王崇古把此事上报了高拱，高拱接到了报告，即刻找来了张居正。在长时间思考之后，高拱眼睛一亮："我要用他，去交换一个人。"

高拱所说的那个人，叫作赵全。赵全是白莲教教首。白莲教在明朝一直被当作邪教，遭到严酷镇压，从朱元璋时期一直到嘉靖后期，明军与白莲教战斗不断，但从未将其彻底消灭。赵全不堪明朝对他的迫害，于嘉靖三十三年（1554）率部投靠俺答，叛逃至河套丰州地区，并且依附俺答部的势力而坐大。

站稳脚跟之后，赵全等人野心逐渐膨胀。他们为俺答建起九重宫殿，拥立俺答为帝，而他们称王，也建起了规模不小的土堡。当时赵全有人口万众，周延数十里，马匹五万，牛三万头，谷二万斛。

在这些人等的撺掇怂恿之下，俺答部与明朝廷关系更加紧张，和解更是无望。这些逃亡的人大都聚集在俺答部所驻牧的丰州滩等地，依附蒙人垦荒种地，从事各种工艺生产，有的干脆做了奸细：俺答从兵变叛逃的兵士中挑选猾黠狡诈之徒，装扮成僧人、乞丐，流徙诸边，甚至入京师之地侦察，刺探情报。

十多年来，赵全一直与明朝对着干，破坏能量非常大。张居正和高拱都看得很清楚，这正是彻底铲除这股反叛势力的最好时机。

接到张居正、高拱的命令，王崇古派出了一名使者——鲍崇德前往俺答军营谈判。

鲍崇德踏入了俺答的营帐，等待他的却不是谈判的诚意和酒宴，而是冰冷的刀剑和这样一句话："你知不知道，之前来过的两个明朝使者，已经被我杀掉了。"

"我知道。"鲍崇德从容不迫地回答。

"那你知不知道，之前与我对阵的明军将领，也大多被我杀掉了。"

"我知道。"

"那你为什么还敢来？"

"如果我不来，你的孙子就没命了。"

虽然俺答摆出了一副坚决不谈判的架势，但鲍崇德却十分肯定，他不过是在虚张声势。虽说他抢了孙子的老婆，和孙子的感情也不好，但无论如何，他绝不会放弃这个孙子。

因为在此之前，鲍崇德曾得到了一个十分准确的情报：俺答是一个怕老婆的人。虽然俺答有好几个老婆，且生性野蛮，也没受过什么教育，但他怕老婆，特别是那个叫伊克哈屯的女人。这位伊克哈屯大概算是俺答资历最老的老婆，也是最厉害的一个。虽说当时的蒙古族部落娶几个老婆很正常，是不是孙女、算不算乱伦也没人管，可偏偏那位跑掉的把汉那吉，就是伊克哈屯养大的。你娶几个老婆我不管，但你赶走了我养大的孙子，我就废了你！于是在那之后的一段时间内，俺答的宿营地经常会出现这样一幕：满面怒气的伊克哈屯追着俺答跑："老东西，快把我的孙子要回来，要不就打死你！"

俺答终于妥协，问鲍崇德："我的孙子现在在哪里，情况如何？"

"他的近况很好，我们给他安排了住处，你不用担心。"

“你们何时才肯放回我的孙子？”

“随时都可以。”鲍崇德笑着回答道，“其实我们只需要一个人而已。”然后鲍崇德说出了那个人的名字。

几天之后，穿着新衣服的把汉那吉回到了部落，还带回了许多礼物；赵全被押送回明廷凌迟处死。

重大转机

不想这竟然成为一个契机，随后明朝与俺答关系转好，俺答顺势提出要求通贡、互市，恰巧明朝方面也早有此意。可以说隆庆四年（1570）的一次偶然性事件竟然促使明蒙之间达成和议，不仅通了贡，而且还在大同开了马市。

隆庆皇帝下诏，封俺答为顺义王，俺答的子、孙、侄分别封为都督同知、指挥使、指挥同知、指挥佥事，俺答每年向朝廷进贡马匹一次，每次不超过五百匹，进贡人数不超过一百五十人，在大同、宣府、山西三镇开设马市。这对长城内外来说的确是一件盛事。蒙古人激动了，俺答汗激动了，长城内外的老百姓都激动了。隆庆五年的和议不仅结束了中断六十年的明蒙互市，更是结束了长城内外二百年的敌对状态。俺答汗珍惜这来之不易的和平局面，严令蒙古各部落不准去明朝境内骚扰，明廷方面也禁止边军出边攻掠。

很快，边疆的贸易开始繁荣起来，大的市镇开始兴起，人声鼎沸、商贾如织，其热闹景象竟然不亚于中原各省。与此同时，一部分蒙古人开始南迁到长城内，过上定居生活，唐、元两朝的胡汉杂居景象再次在大明朝出现。长城内外又重现炊烟袅袅、人烟稠密的景象，蒙古人民的生活水平也改善了，边境经常出现两族人民“醉饱讴歌、婆娑忘返”的情景。边境贸易的繁荣，更是带动了江南地区的经济发展，大运河也忙碌起来。长城内外既然恢复和平，大明帝国每年节省的军费何止百万，而且从边市中抽的税也颇为可观，帝国的财务顿时得到改善。

也可以说这不是一起偶然事件，而是张居正、高拱等人政治眼光有独到之处，他们正是希望通过此事，和平地改变边关多年战争的局面。

第十五章
龙争虎斗

明朝的宦官系统

张居正与高拱的关系逐渐出现裂痕。高拱与隆庆皇帝的特殊关系，让张居正在与高拱的较量中一直处于劣势。虽然高拱和张居正都是隆庆帝的老师，可是性质完全不同：一个同甘苦共患难过，感情刚刚的；一个是后来半道出家，并且大有投机嫌疑。所以皇帝站到哪边，不言自明。高拱不能容人，一不小心张居正就有被挤走的可能。虽然善于自保的张居正一直把自己保护得很好，使得高拱始终没有让人向他开战，面临言官的集体弹劾，但张居正意识到自己的地位岌岌可危，于是急切地寻找政治同盟。找来找去，他找到了太监冯保。

明朝的宦官系统，机构庞大，位高权重，号称“内府”，共有二十四个衙门，即十二监、四司、八局。其中，权力最大的是司礼监，设掌印太监一名，秉笔太监、随堂太监四五名或八九名不等。地位最高的是掌印太监，人称“内相”，相当于外廷的内阁首辅；其次是秉笔太监兼东厂总督太监，相当于外廷的内阁次辅兼都察院左都御史；再下面的秉笔太监、随堂太监，相当于其他内阁辅臣或部院大臣。

司礼监的职责是协助皇帝批阅公文。在数量庞大的奏折中，皇帝往往批阅几本，剩下的都由司礼监太监批阅。以朱笔楷书批阅在奏折上，叫“朱批”，所以叫秉笔太监。他们与皇帝关系亲密，所以对宫内外动态了如指掌。

冯保，字永亭，号双林。冯保于嘉靖年间入宫，隆庆初年掌管东厂兼理御马监，也就是秉笔太监兼东厂总督太监。冯保有着较好的文化素养，深得嘉靖皇帝喜欢。他在司礼监监刻了《启蒙集》《帝鉴固说》《四书》等很多书；到了隆庆年间，他成为司礼秉笔太监，在太监中级别已经非常高。可是司礼监掌印太监才是明朝十二监中最具权势的太监职位，负责完成明朝国家决策中“批红”的部分。事实上，几乎所有明代的著名太监都出自司礼监。

可是高拱和冯保非常不对路。高拱入阁以后，司礼掌印太监出缺，冯保认为应由自己顶补，偏偏高拱因担心冯保权力膨胀，就推荐御用监太监陈洪代理掌印太监。陈洪对高拱感恩戴德，互相默契配合。可是陈洪是大老粗，没文化，后来被罢官外放。陈洪出缺了，高拱推荐掌管尚膳监的孟冲，让冯保又一次失望。

张居正与冯保结盟

因此冯保和高拱结下不共戴天的大仇，并且冯保这个人贪财不假，可是绝不至于像刘瑾、魏忠贤那样坏得一塌糊涂。他也有很多优点，平时对人比较和善，一般并不为难没有过节的人，但一旦有过节，他就会将人往死里整。因此冯保也想对付高拱，就与张居正结盟。但张居正这个人非常厉害，最厉害的功夫是隐身术，让人搞不懂他的动向。于是严嵩与徐阶争斗，他完好无损；徐阶和高拱的斗争，他也没卷进去；甚至和高拱关系不佳时，高拱也没撕破脸皮让人弹劾他。而此时，高拱还浑然不知这一切。

张居正经常将冯保的亲信徐爵招入自己家中，在书房商议要事。张居正的主张由徐爵转交冯保，再由冯保以皇帝批示形式发出，张居正则袖手旁观，佯装不知。隆庆五年（1571）十一月，殷士儋退休后，内阁只剩高拱和张居正两人。高拱担心万一有言官弹劾自己，需要回避，张居正就可以和冯保联手，用票拟和朱批方式，打着皇帝旗号对付自己。为了约束张居正，高拱向皇帝提议增添阁员。张居正就写了票拟交给冯保，用皇帝名义批示“卿二人同心辅政，不必添人”，高拱便不好说什么。可是隆庆六年（1572）三月，尚宝卿刘奋庸上疏，提了五个建议：第一条是皇上要保重身体；第二条是皇上要总揽大权；第三条是皇上要勤俭持德；第四条是皇上要自己看奏章；第五条是皇上要重用忠良之臣。这份奏疏含沙射影地指出皇帝把大权都交给高拱，且高拱不是忠良之臣。

张居正的幕僚曾省吾也授意门生、户部给事中曹大埜又上疏，弹劾高拱“大不忠十事”。

一是事上不忠。皇上生病了，所有的人寝食难安，他却谈笑风生，神情自若，还到姻亲刑部侍郎曹金家里饮酒作乐，对皇上的病置若罔闻，成何体统！

二是轻视太子。皇太子出阁读书，本为国家大事，该每日陪在左右，他却偶尔去一下，叩头而出，没有尽人臣之礼。

三是挟私报怨。自他复出以后，专门打击报复。凡是以前直言得罪过他的人，都被他降职罢免。

四是任人唯亲。自他掌管吏部以来，凡是他亲戚、乡里、朋友、门生，故旧，都被他破格提拔。

五是欺上瞒下。为了堵塞言路，每当选拔科、道官，他都在堂部训斥，不许说大臣们的过失，欺骗皇上，蒙蔽圣听。

六是结党为恶。如今朝廷的官多数是他的心腹，凡有奏折涉及他的罪恶，都隐瞒不报，甚至仗势逞凶，以致“内外皆知有高拱，而不知有陛下”。

七是专权放肆。以往嘉靖朝的内阁首辅严嵩只是总理内阁事务，未曾掌管吏部之政；而他久掌吏部，不肯辞退，升迁任免为所欲为，用人不当，排斥忠良，其程度更重于严嵩。

八是贪污受贿。昔日严嵩只是其子严世蕃贪财，而他却亲开贿赂之门。如董文采贿赂他六百两银子，他即升董文采为河南参政，其他行贿千金不计其数。

九是不顾律法。嘉靖时，沈炼弹劾严嵩。路楷为了巴结严嵩，受其唆使，诬陷沈炼勾结外寇，将其杀害。隆庆帝继位后，定路楷死罪。人人拍手称快，高拱却公然受路楷千金贿赂，强行免其死罪。

十是违抗圣旨，颠倒是非。原来的操江御史吴时来弹劾严嵩，是一个忠臣，而高拱为泄私愤，借机排挤吴时来。徐阶为老臣，高拱却百般加害徐阶。高拱还经常吹嘘自己的功劳等，且把蒙古俺答汗归顺朝廷的“俺答封贡”事件的功劳据为己有。

奏折中强调，请陛下不要忘记严嵩故事，开除高拱，另选贤能之臣，以掌吏部，则陛下虽静养宫中，而天下有泰山之安。

隆庆皇帝十分赏识高拱，将他看作股肱之臣，并且皇帝正重病缠身，心情不舒畅，十分生气，传出口谕：严惩曹大埜。冯保奉命拟旨：曹大埜，排陷辅臣，着调外任。拟旨后，冯保赶紧和张居正商量，张居正却改成极其缓和语气：曹大埜妄言，调外任。

高拱猜测有人背后指使，不肯罢休，便提出辞职，引起兵部尚书杨博等人的义愤填膺，请求皇帝挽留高拱。皇帝本就十分信任高拱，于是形势十分有利于高拱。高拱就策动言官抨击曹大埜。其中，御史张集在奏疏中大谈赵高假借秦二世的名义杀李斯，严嵩勾结太监为心腹，让皇帝相信自己是忠臣，含沙射影指出幕后指使人是张居正。

张居正的反击

张居正看到张集的奏疏十分生气，却也看出其中的破绽，提出这御史如何把皇上比作秦二世。冯保立即派传递奏折的太监到内阁传话："万岁爷说，张集如何把我比为秦二世"，并且扬言皇帝动怒，要廷杖张集，"廷杖时我要问他，今日谁是赵高？"张集害怕了，每天胆战心惊地在朝房等待廷杖，还买了疗伤蛇胆和收尸棺材，吩咐家人准备后事。高拱的亲信言官十分生气，要弹劾张居正。

张居正的密友、郎中王篆劝张居正不要把事情搞大，免得无法收拾。于是张居正让王篆到朝房安慰张集，说："张相公要我向你致歉，不会廷杖了，没事了，你可以回家了。"

考虑到隆庆皇帝正病重，高拱也不想把事情闹大，就在朝房约见言官，劝他们不必再提此事。张居正还专门到高拱府上道歉，说曹大埜的事情，要说自己一点都不知道，也不敢如此说；既然事已如此，请高公谅解。

高拱就训斥张居正一通，说我平时如此厚待你，你竟这样对我，你太忘恩负义了。

张居正自知理亏，发誓说，请高公原谅我的过错，我一定痛改前非，如果再忘恩负义，我的几个儿子必将同一天死去。高拱见张居正态度诚恳，就不再追究。只是刘奋庸和曹大埜都被贬官远谪，刘奋庸谪兴国知州，曹大埜谪乾州判官。

隆庆六年（1572）四月，高拱推荐前礼部尚书高仪入阁。当月，隆庆帝授高仪为文华殿大学士，入阁办事。

隆庆六年五月的一天，隆庆帝坐朝的时候，突然站不起来，随后不能说话，有了中风迹象。内监冯保与张居正赶紧上去扶他。隆庆帝随即召大学士高拱、张居正、高仪到乾清宫，当着皇后、皇贵妃和皇太子的面，由内监冯保宣诏："朕嗣统方六年，如今病重，行将不起，有负先帝付托。太子还小，一切付卿等，要辅助嗣皇，遵守祖制才是对于国家的大功。"

不久，年仅三十六岁的隆庆帝因病驾崩，隆庆帝的儿子、十岁的朱翊钧即位。冯保传遗诏"阁臣与司礼监同受顾命"，与内阁首辅高拱、次辅张居正、高仪同为顾命大臣，而且张居正与冯保走得更近，彼此间或亲信往来，或传递书信，让高拱有大权旁落的危机感。于是，高拱很不爽，决定打垮张冯联盟，就决定先给冯保一点颜色看看，准备先发制人，打倒冯保。而冯保也积极利用与隆庆帝皇后、皇贵妃及小皇帝万历的亲密关系，策划驱逐孟冲，取代他任掌印太监。

高拱决定在小皇帝即位典礼上，提出扩大内阁权力、限制司礼监权力的施政设想。于是高拱先和张居正、高仪打招呼，寻求支持。高仪不愿卷入纷争，不置可否，敷衍一番：高公所说公允得当，自然是大丈夫的事业，然而祸福难料，所以我不敢赞成，也不敢反对。

然后高拱让心腹韩楫找张居正，张居正却说道，除掉冯保这个阉官，就好像除掉一个死老鼠一样容易，高阁老建立的功勋必将流芳百世。

可是韩楫前脚刚走，张居正立即向冯保通风报信，让他早做准备。

高拱失败

新的一场争斗很快就开始了。六月初十，小皇帝经过了一系列劝进、辞让的礼仪后，坐上了皇位。当天，高拱的第一封奏疏就到了，是《特陈紧切事宜以仰裨新政事》。

上疏共五条，从表面看是指点小皇帝上朝该如何做，见了群臣应说什么，奏章是如何一个处理程序，等等。奏疏中关键是三点：第一，要求“一切奏章俱发内阁拟票”；第二，如果有不经过票拟就“内批”了的，我们必须向皇帝问明白才执行；第三，一切奏本都应发下，如果有不发的，那么原奏事者就要面请皇帝发表一个明确态度。

这一下子就能看出高拱的奏疏是针对冯保的，但通篇又都是尽心辅佐之意，一句没提冯保。你只要发内阁票拟，我就拟“照准”，然后以皇帝名义发布全国，看你冯保今后还怎么跳？

只要这个奏疏一通过，就会有言官一拥而上弹劾冯保，内阁自然票拟“同意”。高拱的奏疏一上，高仪就告病，请假在家休息。张居正在天寿山考察皇陵用地中了暑，回来也歇下了，没来上朝。

冯保收到奏疏后，偏就是不发给内阁，自己替小皇帝批了六个字：“知道了，遵祖制。”这句话太深奥了，看似批了文字，实际上打了一通太极，什么也没说，玩起了空手道。这样一来，高拱的奏疏内容是什么，百官不知道；皇帝接不接受这些建议，没态度。

高拱毕竟是官场老手，立即第二手跟上，又上了一奏，请把前一奏赶紧发下票拟。

冯保被逼得没有退路，只好在六月十三，也就是第二道奏疏之后将《陈五事疏》发下。高拱立刻写上“俱依议行”，也就是全都按你们说的办！

然后在高拱的指示下，言官立即出动造势。第一波，以工科给事中程文为首，上疏弹劾冯保“四逆六罪三大奸”：进淫诲之器、邪燥之药以损圣体，害死了先帝；矫诏爬上掌印太监位置，居心叵测；将隆庆遗诏以邸报形式公布天下，伪造最高指示；新皇帝登基，冯保立于皇帝身边，竟敢受文武百官朝拜，大逆不道。所列皆是滔天之罪，哪一条都够凌迟处死冯保了。

紧接着，吏科都给事中雒遵、礼科给事中陆树德等先后跟进，一责冯保僭越受百官朝拜；二责冯保升官遗诏为何在先帝弥留之后传出；三责原司礼监掌印太监孟冲并未免职，为何就有冯保突然任职，组织任免令何在？他们坚决要求将冯保交付法司究罪，以正刑典！

弹劾冯保的奏疏接二连三送进宫里。高拱为了防止冯保利用职权扣押奏折，事先要弹劾者把奏折的副本送给内阁，一方面可以在邸报发表，制造倒冯舆论；另一方面，利用票拟权力，草拟御旨，打倒冯保。这下冯保开始惊慌了，赶紧向张居正求助。在张居正的暗示下，六月十五日，冯保紧急面奏小皇帝、贵妃和陈皇后，将高拱曾在内阁说过的一句话“十岁太子如何治天下”篡改为“十岁的孩子如何做天子”，恶告了一状。

李贵妃与陈皇后闻言愕然，险些惊倒；就是十岁的小皇帝，也当场失色！冯保见有了效果，自会添油加醋。他又说，高拱欺负太子年幼，想迎立自己家乡开封的周王为天子，企图以迎立之功谋求封国公的爵位！

同时，冯保把金银散给两宫左右的太监、宫女，让他们也跟着学舌。两天里，后宫舆论滔滔。

六月十六日早朝时分，宫中传出话来：“有旨，召内阁、五府、六部众皆至！”

高拱兴奋异常，以为皇上要下诏开掉冯保了。众人立即齐聚会极门，没见着皇上，也没见有两宫，只见太监王蓁奉圣旨出来：“皇后懿旨、皇贵妃令旨：说与内阁、五府、六部诸臣，大行皇帝殡天先一日，召内阁三臣在御榻前，同我母子三人亲受遗嘱曰：‘东宫年少，赖尔辅导。’今大学士高拱揽权擅政，夺朝廷威福自专，通不许皇帝主管，我母子日夕惊惧。现令高拱回籍闲住，不许停留。尔等大臣受国厚恩，如何阿附权臣，蔑视幼主？从今往后洗涤思想，忠心报主，如再有这等的，典刑处之。钦此！”

当场宣布要高拱回籍闲住，不许停留。

这个结果看似意外，实际很正常。高拱虽然掌控内阁，并且在隆庆年间权力极大，可是不要忘了一朝天子一朝臣，现在时代完全不同了。冯保看似微不足道，可是却深受新皇帝身后的李贵妃信任，而皇帝年幼，李贵妃就代表皇权，相权是斗不过皇权的，所以高拱并未看透其中玄机。而张居正看到了，所以在这场争斗前就与冯保结盟。然而高拱一直被蒙在鼓里，甚至想得到张居正的支持，还和他说心里话，大肆排斥冯保，张居正一笑了之，却不知竟然暗藏玄机。

吏部左侍郎魏学曾看不得自己的老师被如此陷害，挺身而出，公然声称："皇上新继位，为何就驱逐顾命大臣，且诏书出自谁手，不可不明示百官！"他又约诸大臣一起前往张居正家质问。诸大臣不愿去，张居正也以患病避而不见。后来，因这件事，魏学曾被降调南京任右都御史，最终辞职了。

还有张四维，当时正在外地公干，闻讯大惊，在返京途中走到北直隶的获鹿，即改道前往邯郸，见到了归家途中的高拱。老同事自是一番唏嘘。后张四维又数次给高拱写信，叮嘱老上级万万谨言慎行，官场险恶，什么事都难料。

张居正与冯保联手轻松打垮了高拱，却装出一副高风亮节的样子，与高仪联名上疏，极力挽留高拱："臣不胜战惧，不胜惶忧。臣等看得高拱历事三朝三十余年，小心谨慎，未尝有过。虽其议论侃直，外貌威严，而中实过于谨畏，临事兢慎如恐弗胜……每惟先帝托付之重，国家忧患之殷，日夜兢。惟以不克负荷为惧，岂有一毫专权之心哉。"

意思是说我诚惶诚恐，看到高拱为三个皇帝供职三十余年，小心谨慎，没有大的过失。虽然高拱说话直接，外表严肃，其实这是十分谨慎，遇到事情担心无法胜任的缘故。希望考虑到先帝托付，请皇后、皇贵妃、皇帝收回成命，不要罢免高拱。如果内阁有罪，我与高仪愿与他一起承担。

高拱却察觉到自己的罢官与张居正有关。第二天一大早，高拱去宫门口象征性地向皇帝辞行时，张居正前来送行。张居正对高拱说已经请求皇帝恩准，他可以享受国家驿站的交通优惠特权，体面回乡时，高拱就挖苦他，张公不必如此，难道你不害怕"党护负国"的圣旨再次出现吗？

高拱乘坐一辆骡车，出宣武门仓促离京。冯保派来身穿红色号衣的骑兵，在后面督促驱赶高拱，把他的行李抢夺一空，随行的奴仆婢女也各自逃命。出京二十多里，高拱饥饿难耐，只得在一家村野小店狼吞虎咽一番。他们到了良乡真空寺后，有亲朋故友来接风送饭，并且张居正特地派遣的官员赶来送上驿站的勘合文书（通行证），改由驿站负责护送。高拱依然对张居正耿耿于怀，对前来的官员发泄不满，说张居正“又做师婆又做鬼”，却仍放弃骡车，登上驿站豪华的车辆。

卧病在床的高仪，听到高拱的遭遇后，担心自己受到牵连，病情加重，吐血三日而死。

争取冯保

万历皇帝宗继位后，冯保成了太监领袖，其实这背后是陈太后、李太后对冯保的信任。

也许是在与高拱以及前几任内阁的较量中尝到了外廷的厉害，所以对张居正有意识的拉拢，冯保并不积极，而是采取拖延战术，以静制动，暗中观察。冯保是一个非常谨慎的人，尽管之前两人已经有过合作，一起扳倒高拱，但那也是形势所迫。现如今，张居正已经是堂堂内阁首辅，竟然对自己毕恭毕敬，是何居心？

因此，对于冯保在李太后面前的得宠，张居正不像高拱那样只是一味地记恨和打压，而是相当尊重冯保，想以非常友好的方式感化冯保。

冯保也是明事理之人，对于张居正也是以礼相待。一次，张居正恰遇冯保的侄子冯邦宁酗酒闹事。冯邦宁虽官职都督，却名不副实，而且常常欺凌邻里。张居正早就对冯邦宁有意见，这回犯事，处置冯邦宁下地牢、发配边疆都不为过。但张居正没有这样做，只是要姚旷过去劝他停止胡闹，给对方道歉。

冯邦宁不但不听，反而粗鲁地扯坏了姚旷的腰带。这又给冯邦宁加了打官员的罪名，按理，这条罪名足以致死。

张居正遂写了个条子给冯保，让冯保自己去处理。冯保对这个不争气的侄子也没好脸色，大怒，命人打四十大板，夺去官职，停职反省。

像这样能严厉约束其家属的大宦官，在历史上也是不多见的。张居正要的就是这个效果。通过这件事情，冯保也意识到与前几任首辅相比，张居正是靠得住的人。

就这样，张居正不露痕迹，达到了借用冯保之力来建立自己政治小圈子、稳固朝中地位的目的。

在整个万历新政时期，冯保与张居正几乎没产生过什么分歧，还竭尽全力，处处配合，尊重而不巴结逢迎，辅助而不干涉。这两人结合在一起，对今后的政治形势产生了相当深远的影响。

正值年少无知的万历登上皇帝之位，张、冯两人鞍前马后，为新皇帝分担了不少国事，可以说张居正、冯保成了万历的左右手。黄仁宇所著《万历十五年》所述："在两位皇太后之外，他所尊敬的人只有两个：一个是张居正元辅先生，另一个是冯保。"

取信于李贵妃

万历年幼，权力容易被母亲取而代之。张居正当然知道其中的利害。张居正正处于这样一个尴尬的境地：万历皇帝只有十岁，皇权最核心的部分控制在二十七岁的生母李贵妃手中。

李贵妃，名李彩凤，出身贫寒，出生于北京东郊（今通州）一个普通的家庭。父亲李伟是个泥瓦匠，家乡遭受虫害之后，便携家带口到北京城谋生，当时李彩凤只有十二岁。来京三年，生活依然没有着落，父亲便将李彩凤送往裕王府当一名使唤丫头。李彩凤进入裕王府邸，主要是服侍裕王的继室陈王妃。

李彩凤进裕王府的第三年，就为裕王生下第一个儿子，这就是后来成为万历皇帝的朱翊钧。两年后，她又为裕王生下第二个儿子，即是后来的潞王。当时裕王还有一房原配李王妃，生一男一女，但都早夭；继室陈王妃生有一个女儿，不久也夭折，从此再没有生育。

母凭子贵，凭着这两个儿子，李彩凤由一个卑微的宫女晋升为侧妃，但始终不受隆庆帝宠爱。裕王做皇帝后，陈王妃被晋封为皇后，李彩凤则被晋封为贵妃。

张居正要想有所作为，在政坛上大显身手，必须先取信于这孤儿寡母。小万历已经不在话下，因为万历皇帝对张居正十分尊重，从不直呼张居正的名字，甚至不称他的官职，不论人前还是人后都只称张居正为“先生”，而且不论是在私下还是在朝堂上都这样称呼。

最重要的是小万历不仅是在形式上尊师重教，而且在精神上完全能领会这位张老师所传的道、所授的业和所解的惑。

现在张居正就需要让李贵妃站到自己这边来。为此，他做了三件事。

第一件事：给贵妃一个太后的名号。

李贵妃心思敏感，生怕宫内外瞧不起她。张居正摸透了她意欲出头的心理，于是提议：李贵妃完全可以与陈皇后同升太后。按照大明祖制，新皇帝继位后，先帝正室还在的，皇后要被尊为太后。新皇帝的生母如果是妃子，就只能尊为皇太妃，等级上低了许多。两宫封后，违背祖制。张居正是怎么处理的呢？这就显示出他的聪明之处。原来他了解到了弘治朝（孝宗）皇帝生母也可以称太后，但只能是“秃头太后”，也就是太后两字前面不能加徽号；而嫡太后的前面，则尊加两个字的徽号，以示等级差别。说干就干，他马上吩咐礼部：“既同为太后，多二字何妨。”就这样，他把一个可能会引起轩然大波的举措轻松带过。吏部侍郎王希烈立即照办，于是“两宫并列”，陈皇后称仁圣皇太后，李贵妃称慈圣皇太后。

后来沈德符在《万历野获编》论及此事，说张居正这样做，是“内谄慈圣，以为圆权也”。不管怎么样，隆庆帝没做成的事情，张居正做成了，并且两宫徽号不仅仅是名义上的，而是大大提高了李贵妃的地位，实现了与陈太后平起平坐，再不必像过去那样每日向皇后请安了。

两个字换来了李太后对张居正执政的无条件支持。

张居正做的第二件事，是在兴趣爱好上和李太后产生共鸣。李太后崇佛，经常要许愿和施舍。这可是要花大量钱财的事，尤其对她这种身份、地位的人来说。但张居正坚决不肯拿国家的钱来满足李太后的这种爱好。那怎么办呢？张居正眉头一皱，计上心来，最后他把属于皇室的宝和店划归到李太后的名下。这下既解决了李太后崇佛的资金问题，又减少了国家财政开支问题，可以说是一个双赢。

张居正做的第三件事情，是巧妙处理李太后父亲李伟事件。李太后得势以后，父亲李伟跟着鸡犬升天，晋升武清伯。但是这位前瓦匠贪心不足，串通内库官员，在承揽京营军士冬衣制作中偷工减料，引起了军士哗乱。司法部门不好追究，张居正就将此事先巧妙地推到李太后面前，叫人拿了渔网似的破军衣给李太后看。

李太后顿感大丢颜面，传谕内阁依法处置，绝不袒护。张居正在处理此事时，体现了高超的政治技巧：他革退内库官三十余人，重新发放合格军衣，平息了事件；然后又巧为武清伯开脱，说责任其实不在李伟，让李伟接受了一通皇帝的训斥完事；之后，再借此称赞李太后“至公无私，中外臣民莫不仰诵”。此举既制伏了武清伯，又给足了李太后面子。

从此，李太后、张居正、冯保这样一个牢不可破的“权力铁三角”就形成了。其时，万历皇帝朱翊钧尚小，凡事基本由他的监护人李太后拍板定夺。三人联袂登场，明朝也进入了新的历史时期。

第十六章
帝王之师

出任帝师

张居正成了首辅，可以大干一场，实现自己的抱负了，但许多棘手的事情却又摆在眼前。

要论好好教育小皇帝，张居正有教育经验，他曾经给隆庆皇帝当过老师。可是隆庆皇帝的老师是一个庞大的讲师团，并且都是牛哄哄的顶级人物，张居正只是这个讲师团中的一个，而且在这个讲师团里，按资历和地位，他只能排末尾。

现在才十岁的小万历继承了皇位登了基，小万历的母亲李太后开始为儿子的教育问题着急了。

冯保就推荐了张居正。

张居正有经验、有才华，这是客观原因；另一个主观上的原因是，这是政治盟友，所以冯保就推荐了张居正。此外，冯保对万历皇帝也十分忠诚。一次张居正抓了一只白鸟、采了白莲准备给万历玩，冯保却劝阻了，说皇帝还小，不能让皇帝过多接触这些，以免玩物丧志。张居正连连称赞。

在张居正教万历皇帝练书法之后没多久，小皇帝的字就写得非常好了。小皇帝爱上了书法这门艺术，很快就能写出斗大的字来，而且还很有水平。有一天，他很得意地在书法课上写了两个大字，并请张老师评点一下。结果张居正在夸了一番之后却话锋一转说："一个皇帝，有一些爱好是可以的，但绝不应该在书法这些艺术领域上有太大的偏好，否则精力就不会放在励精图治与治理国家上了。陛下看当年的宋徽宗，书法独步天下，可是玩物丧志，最终丢掉了大好河山，做了亡国之君，前车之鉴啊！"

张居正说了这话之后，这位号称是“十岁天子”的小万历当时就做出了深刻的反思，并最终认为张老师的观点无疑是极有远见的，于是第二天就主动要求取消了书法课，也就不在书法这门艺术上多花心思了。

要好好培养小皇帝，在培养的过程中，还要让小皇帝不知不觉把绝大部分皇权让给张居正。要改革，仅有相权是远远不够用的；若想压服百官，必须百分之百代表皇帝。

张居正一点一点地教育万历怎么当皇帝。君臣要想常见面，就要坚持早朝制度。明代上朝的时间很早，在每天天亮之前。由于万历皇帝还小，张居正在这上面做了折中，说皇帝是小孩子，就不必天天早朝了，每一旬只要三、六、九日上朝，其余日子就不上了。

这样，就使外廷和皇帝始终有一个沟通机会。宦官的作用，在万历初年被大大削弱了。

万历的天分

小万历对各种奏疏都看得很仔细，有前后矛盾的、格式不统一的，都能看出来，亲自予以批驳。他亲笔拟的批复，有理有据，温文尔雅。

小万历处理事务颇近情理。先帝的遗孀恭妃派人把宫中的金壶偷偷拿回家去，被守门太监举报。万历批示道：“她家贫，赐给她一百金。但先帝赐她的器具，则不能拿出去。”文华殿角门的础柱突现“天下太平”四个字，擦都擦不掉，内阁认为是祥瑞，请小皇帝去看。万历去看了看，一脸的不高兴：“假的！”

为了更好地教育万历小皇帝，张居正定了一个课程表（《日讲仪注》），规定小皇帝除了上朝之外，其余每天上午都要来听课，除非大寒大暑或者风雨，全年一天不停。张居正说干就干，八月份就开日讲，到第二年元年新春正式开经筵。

张居正让讲读官弄了一本图文本的《帝鉴图说》，是讲历代帝王“善可为法者八十一事”“恶可为戒者三十六事”，呈给万历做课外读物。这本书像连环画一样，图文结合，通俗易懂，万历皇帝非常喜欢。

万历皇帝天资聪颖，触类旁通，看到《帝鉴图说》上说宋仁宗不喜欢珠宝，就脱口而出：“国之所宝，在于贤臣。珠玉之类，宝之何益！”这认识水平比他爹可是强了一百倍。张居正连忙跟进，进行荣辱教育：“明君就是要贵五谷而贱金玉。金玉虽贵，但饥不可食，寒不可衣，区区一点点为价却不低，徒费民财，不适于用。《书经》上说‘不作无益害有益，不贵异物贱用物’，就是这个意思。”

万历马上想了起来：“是啊，这宫里的女人们就是好化妆。朕在年节时赏她们东西，常常要节省一点，她们的话就多，什么‘能用万岁爷你多少啊’。朕就说了：‘你们可知道，如今国库里还有多少啊！’”

张居正不由感慨万千：“皇上，您只要能这么想，就是国家的至福啊！”

张居正还指导万历皇帝读太祖朱元璋写的《皇陵碑》。这是一篇歌谣体的自传，是明朝人忆苦思甜的最佳读本。万历看了一个晚上，第二天对张老师说：“先生给的《皇陵碑》，朕览之数遍，不胜感痛！”

张居正便启发他说：“自古以来的圣人，没有一个像咱们圣祖吃那么多苦的。那时候他四处漂泊，甚至到了无以糊口的地步。老爷子、老太太去世，竟然买不起棺材。这是上天要圣祖拯救苍生，才让他如此备尝艰辛的。圣祖自淮右起义，动机就是为了救民啊！登了大宝以后，他把所有缴获来的珍奇异宝都毁掉，穿的依然是旧衣服。三十年克勤克俭如一日，到了成仙的那一年，还要召集农村的老农与粮长，问他们民间疾苦。您知道这是为什么？这就是只有以‘天心’为自己的心，才能创造宏图大业，传到皇上您这儿。”

万历心服口服：“朕不敢不效仿祖宗，全赖先生辅导。”

合理建议

张居正在隆庆末年需要摆平的第二件事，就是处理好与李太后的关系。

李太后起自民间，从小生活在京郊通州，父亲李伟是个泥瓦匠，十分热爱劳动。一直到隆庆二年（1568），李贵妃封了皇妃，老人家才收起了瓦刀灰桶。嘉靖、隆庆两帝的没出息，让她深感痛心，所以决心把孩子培养成合格的帝王。

万历读书有时候偷懒，她就喝令罚跪，且下令不许三十岁以下的宫女在小皇帝身边伺候。每次上课完毕，她都要令万历把内容复述一遍，“以验其记否”。每逢上朝，到了五更时她就走进万历寝室，喊一声：“帝起！”然后让宫女扶起小皇帝，亲手打水给小皇帝洗脸，再把他扶上小轿送走。

李太后对张居正也是言听计从。她一向是一个虔诚的信神奉佛的女人，有一次曾准备用自己的私蓄修筑娘娘庙，后来听从了张居正的劝告，把这笔钱改用于修筑北京城外的桥梁。万历皇帝出疹子痊愈以后，李太后本来打算在宫内设坛拜谢菩萨的保佑，也由于张居正的反对而作罢。还有好几次，慈圣太后想在秋决前举行大赦，但是张居正坚持以为不可，李太后也只能被迫放弃原来的意图。

第十七章
互利互益

人事调整

对上的问题解决了，余下的就是对下的问题了。对于高拱的被驱逐，百官中多有不服气者。张居正对自己联冯保驱高拱的事情做了大量的撇清，反复向人解释，自己对高拱被逐“冒死为之营诉”。

然后就是清理门户。隆庆六年（1572）六月，张居正对南北两京四品以上官员进行考察；七月，对所有京官进行考察。这就是威力很大的“京察”。两次大扫除，张居正共斥退吏部员外郎穆文熙等三十余人，并将吏科都给事中韩楫等五十余人调离京城。之后，张居正从庶吉士中补充了一些人进来，重建了言官队伍。

后来，张居正又贬斥了一批尚书、巡抚级别的高官。

内阁里，高仪死了，张居正不能“独相”。吕调阳是个忠厚长者，因此张居正推荐礼部尚书吕调阳入内阁。

吏部尚书由当时资望最高的杨博担任；礼部尚书空缺，由陆树声补上；兵部调来抗倭名将谭纶；户部用了王国光；刑部用了王之诰；工部朱衡与左都御史葛礼光留任。这些人，都是素有清望的大臣。其中王之诰是张居正的亲家，但从不依附张居正，颇得舆论推崇。

张居正的这次清洗，既是为将来万历新政革除弊政打下基础，也是张居正为建立自己的权力体系而采取的措施。

第十八章
化险为夷

历史疑案

张居正经过半年才稳定下来的局面，却突然出现意外。

万历元年（1573）正月十九日，凌晨的夜幕中，万历皇帝乘坐软轿出乾清宫上朝。轿子刚出乾清门，从西阶上猛然下来一个人，身穿太监服装，慌慌张张直奔轿前。守门兵卒见势不对，立刻将其擒住。

更要命的是士兵居然从他身上搜出绑在腋下的刀、剑各一把，于是立即以为他是刺客！

此人虽然下巴上没胡须，穿的也是太监衣服，但面孔陌生，没人认识他。问审后，知道他叫王大臣，家住南直隶常州府武进县后，便直接将他当作太监移交给了冯保处理。

冯保也没问出他什么有用的信息来，就汇报上去，万历亲笔批了个旨："王大臣拿送东厂究问，此外再派当差的校尉去着实缉访了以后，来回话。"

王大臣随后被带到东厂，然后遭到一顿暴打，马上就招了。他竟然叫王章龙，是从戚继光戚总兵那里来。

冯保立即感觉事态严重，赶紧告诉张居正。张居正听到冯保那边传来的消息，也惊出一身冷汗！戚继光是军中要人，手握重兵，是张居正重要的心腹。这消息要是走漏出去，对张居正和戚继光都不是闹着玩的。

冯保接到张居正的建议后，觉得有道理，但他由此产生了一个念头：让王章龙对付高拱。高拱虽然下了台，但余党尚在，高拱也有可能东山再起，这一风险必须连根拔除。

冯保想好了主意，就再次提审王章龙，说："戚总兵的事，你不能再胡说了。你要说就说是前司礼监陈洪公公主使，受高阁老之命前来谋刺皇上。你小子只要照这个路子招认，保你高官得做，富贵一生；否则，活活打死！”

牵连到高拱

王章龙本来脑子就不大够用，哪里禁得住这样哄，居然答应了。果然，再次过堂的时候，王章龙有了新的供述：“是高阁老的家奴李宝、高本、高来三人与我同谋的。”

冯保立即差遣东厂校尉（缇骑）四名，火速赶往河南新郑市，对前首辅高拱实施监视。

四位缇骑见了高阁老，倒也十分有礼貌，说道：“我们可不是来逮您的，是怕此事惊吓了您老人家，特意前来保护的。”

事态仍在扩大。三天后，也就是正月二十二日，张居正上奏，正式代表内阁就此事表态。他说：“发生这样的事，臣等不胜惊惧震骇。经研究，臣等认为，宫廷之内侍卫严谨，若非熟门熟路的人，岂能如此顺利地接近圣驾？王章龙的这个行为，显然蓄谋已久；中间又必有主使勾引之人，请下旨责令刑侦衙门进行缉访，务得下落，杜绝祸本。”

张居正的题奏一上，朝野立刻轰动，然后有人站出来说话了。科道官员首先表示了质疑，纷纷打算上疏指出其漏洞，但顾忌张居正的权势，一时不敢贸然行事。刑科给事中聚在办公室里议论，群情激昂：“此事关我刑科，其无一言，遂使国家有此一事，吾辈何以见人！”于是当即草拟一疏，建议皇上将此案从东厂提出，移交法司（刑部、都察院、大理寺）会审，以求公正。为取得张居正的谅解，他们专程到朝房去面见张居正，陈述理由。

张居正不为所动。科道官员就连续五天到张府求见，张居正躲得踪影全无。

此时，张居正素所倚重的吏部尚书杨博劝告张居正说：“事大，迫之恐起大狱！高公虽粗暴，天日在上，他万不能做出这种事来。若一意追究，必惹事端，且大臣人人自危，似乎不可！”

高拱化险为夷

都察院留任的左都御史葛守礼不忍坐视高拱被陷害，便拉了杨博去见张居正。见张居正始终沉默，葛守礼就说："早先夏言、严嵩、徐阶、高拱诸公，递相倾轧，身败名裂。这是张公您的前车之鉴。"

第二天，张居正便令锦衣卫左都督朱希孝前去东厂，与冯保一起会审。朱希孝是辅佐明成祖谋反的"靖难功臣"朱能的第五代孙，是当今朝中级别最高的"探长"。朱希孝以此身份介入，合情合理。自此，冯保垄断王章龙一案审讯的企图完全失败。张居正已明确开始转舵。

但朱希孝并不知内情，感觉夹在冯、张的威势与朝官的清议之间，弄不好就有杀身之祸。朱希孝只得去拜见张居正，讨要一个主意。张居正并不多说，只让他去找杨博。杨博心中已有数，便开导朱希孝说："张公的意思，是想借你保全高阁老的体面，怎么忍心让你去干陷害的勾当？"遂将了结此案的办法一一指点。朱希孝茅塞顿开，大喜，掉头就走，马上展开了一系列工作。

此时已是正月二十八日，数日之内，事情已峰回路转，最明显的标志是张居正为此案又上了一道奏疏，建议要谨防王章龙"妄攀主者"。张居正说："臣听说厂卫连日加急审讯，案犯支吾其词，案情仍不清楚。臣以为应稍加缓和。如迫得紧了，反而将真情掩盖住了。审讯过急，恐怕还会诬及好人，有伤天地和气。"

此后，他又连续给高拱写了两封信，头一封是"令拱切勿惊死"，第二封是进一步温言安抚高拱。

朱希孝是掌管锦衣卫的武官，深得张居正信任，但以往与高拱亦有旧交，此时也甚为同情高拱的遭遇。既然张居正已发出转向的信号，朱希孝便决意为高拱洗清嫌疑。

草草收尾

东厂问案子，照例是打了再问。这一打，王章龙不干了，大叫道：

“说是给我官做，永享富贵，怎的又打我？！”

冯保喝问：“说，是谁主使你来？”

王章龙此时已有一定觉悟，怒目冲着冯保说：“就是你主使，你难道不知道？为何又来问我？”

当场露馅，直截了当，冯保差点没气晕过去，只好强挺着问：“你说你认识高阁老，是怎么回事？”

王章龙又是一个重磅扔出：“不是你教我的吗？我怎么能认识高阁老？”

朱希孝见场面太尴尬，连忙接过去问：“你的刀剑从何而来？”

王章龙虽然智力有点儿问题，但是他琢磨，按照冯保所说，承认谋刺皇上，反而能做大官，这里面的逻辑不大对头啊，于是索性咬住冯保不放：“是冯公公的家奴辛儒给我的。”

朱希孝怕再审下去，冯保要收不了场，便厉声喝道：“胡说，连问官都敢攀扯！该打！”

说罢，朱希孝拉起冯公公就走，审讯不了了之。

第二天，张居正就下令，将王章龙从东厂提出，转交刑部，由三法司会审。三法司动作相当快，当天就提审。但是他们发现，王章龙已经被人强灌了生漆，成了哑巴，无法交代任何口供了。

二月二十一日，三法司再审，也不问话，只拟了王章龙闯入宫禁罪，建议斩首，将此案果断了结，任何人不再涉及。这正是张居正最希望的结果。他立即根据法司意见，上疏请求批准执行。

第十九章
改革前夕

明朝典章制度

此后，基本稳定了局势后，张居正便开始了变法之路。

明朝建国后，朱元璋在有识之臣的协助下，制定了明朝的一系列典章制度。

朱元璋设计的典章制度包括了政治、经济、军事等诸方面。在政治上，朱元璋一举摧毁实行千余年的宰相制度，从此中央官制不再设相职。同时，他继汉晋以后第三次实行分封制度，建立诸藩。军事上，他吸收魏晋隋唐的军事制度精神，采用军民分户，建立卫所体制，辅以开中制度，建立了一个完善的军饷供应体系。经济上，他实行了相当严格的重农抑商的经济政策。为配合国家财政经济的需要，他还建立了一套体系严密的基层税收制度——里甲制度、粮长制度等。

中国的封建社会体制自春秋时期形成一直到明末，延续了两千年。发展到明朝，政治上的集权达到前所未有的强度，东厂、锦衣卫、六部、内阁使君权达到了一个顶峰，因此后世都把明朝视为封建专制主义极度发展的一个王朝。

明朝统治体制，使皇帝拥有绝对权力和腐败的官僚、特务政治。从封建社会确立以来，皇帝对处理国家事务有至高无上的独裁权。朱元璋又收回宰相的权力，设置内阁学士作为皇帝的事务秘书，一切章奏皆由皇帝亲自过目审批（皇帝的身体和个人素质一定得好，还必须有敬业精神），任何人不得过问。凡是断大事、决大疑，臣下只能面奏听旨，事无巨细统统集权于皇帝一身。明朝君权的高度膨胀，超过历代王朝。

制度执行中的问题

但明中叶后，皇帝不临朝成为惯例：嘉靖皇帝深居内宫，修仙炼道，三十年不理政；隆庆皇帝在位六年，极少审批公文，遇有国家大事，听任群臣争议，一言不发。但这几位皇帝对钱看得极其重要，派宦官收税倒是一点也不含糊。

皇帝长期不理国务，政治重心自然就落到内阁身上，谁成为首辅，谁就能主政，实际上就握有最高的权势，这就必然招致统治阶级内部发生争夺内阁首辅的尖锐斗争。嘉靖、隆庆年间，短短六年，徐阶推倒严嵩，高拱又推倒徐阶，李春芳被高拱击败，高拱又被张居正轰跑，几乎一年一变。一个首辅倒了，牵连一批官员被贬谪；今朝得势的，来年就可能被赶下台。内阁之中爱恶交攻，吐唾辱骂，甚至大打出手。官衙无视法令，政多纷更，事无统纪，主钱谷的不明出纳，司刑名的不悉法律，管监察的不行纠劾。

人们愤愤地指出："嘉隆以来，纪纲颓坠，法度凌夷""本朝姑息之政甚于宋代"。明朝统治集团的腐败、混乱和失控远比王安石变法的北宋还要严峻。

当时上令不能下行，各级官吏结党营私，谋事者少，谋官者众。仅以军队为例，当戚继光调任蓟辽总兵时，到任后的某一天举行阅兵，忽然大雨倾盆，军队竟一哄而散。军纪败坏已经到了何种地步！整个北方边军已毫无战斗力。

朱元璋生有二十六子，分封了二十四王。明初分封的诸王，虽不掌管土地、人口，但是有自己的军队，并且军队数量相当可观，少的也有将近一万人，多的可以达到三万。

朱棣称帝后，吸收了建文帝削藩的经验，采取了豢养藩王的政策，让藩王既不能朝见皇帝、参与朝政，亦不能参与地方事务。他们生活在划定的地方范围内。宗室人口，从洪武年间的二十几家，至正德、嘉靖间发展到了两万余人。众多的人口，形成一个特殊的阶层，坐食民脂民膏。宗室仅俸禄一项，就占了明代帝国开支中的绝大部分。明代宗藩每年消耗的开支成为明代财政支出中一个大头，成为明代财政的一大包袱。

且明朝的财政收入不是首先运到中央集中再行分配，而是大部分存留地方，或者直接发给边镇，真正运到京师供中央开支或储备的部分并不多。中央财政既缺乏收入来源，又很难拿出储蓄的大笔开支，这也就是明帝国在救灾、军事、水利等重大方面效率低下的根本原因。

税收分配原则是将大部分管理开支用“役”来处理，而田赋正税则用于军事开支、宗藩禄廪、官员俸给和生员廪食等。所以明朝的税收很少用于大规模公共工程建设，地方储备只是为了应付灾荒，漕粮只是用来做地理上的调整，主要保证京师的费用。

明朝的行政效率极其低下，以户部为例，户部从来不是一个决策部门，而只是一个会计部门。明帝国向来没有对财政开支进行预算，而是尽力维持旧例。无论什么时候，漕运每年从南方运输四百万石粮食到北京，不管北京国库里是否堆积如山乃至粮食腐烂，也不管因为漕道堵塞，需要付出超过所运粮食价值的成本来维持。

对此，在嘉靖前期，嘉靖皇帝君臣对祖制采取了灵活、务实的态度，较好地处理了祖制与革新的关系，使祖制成为推进革新的主要动力之一。一方面，他们利用祖制将后来出现且长期存在的弊政予以清除；另一方面，他们又根据变化了的情形，将不合时宜的祖制条规予以变革，以适应新形势的要求。在与祖制发生抵触时，他们采取切实的步骤，以做为上，力行实践。

嘉靖皇帝即位的特殊性决定了嘉靖时期革新能以全面整顿吏治、清理官僚队伍为核心，最大限度地扫除明代百余年来的积弊，激发统治阶层的活力。嘉靖革新的内容主要有：整肃科举，以确保选举的良性发展；倡行三途并用，以激励士气；整顿学政，以强化学校的教育功能；打破重内轻外的观念，以激发地方官的进取之心；整饬言路，以实现对百官的有效监督；清除翰林院积弊，以提高内阁大学士的行政能力；裁革冗滥，以减轻财政负担；限革庄田，以遏制土地兼并狂潮；推行“一条鞭法”，以减轻民众负担。

初步改革

隆庆三年（1569），高拱复出，其后任内阁首辅。张居正任重要阁员时期又继续大举整饬吏治、加强边防、整饬司法刑狱、兴修水利、推行海运、改革中央和地方军政人事制度，重点推行清丈土地和实行“一条鞭法”、恤商惠商等多种政策方略，并且立竿见影地取得过较好的成果。

张居正一向注意观察和思考社会现实中的诸多难题，悉心探究历代盛衰兴亡的经验教训。他曾于隆庆二年（1568）向隆庆皇帝上了一封《陈六事疏》，试图革除嘉靖以来的各种弊端。张居正提出的改革主张主要有“省议论”（禁绝空言，讲究实际）；“振纲纪”（整肃风纪，严明法律）；“重诏令”（令行禁止，提高效率）；“核名实”（严明考课，选拔人才）；“固邦本”（轻徭薄赋，安抚民众）；“饬武备”（训练军队，严守边防）等。

张居正担任首辅后开始以整顿吏治、发展经济、巩固边防等为主要内容，展开了一系列的改革。

第二十章
治国韬略

吏治主张

张居正首先是从整顿吏治开始改革的。

在张居正看来，“致理之道，莫急于安民生；安民之要，惟在核吏治”。他首先从“尊主权、课吏职、信赏罚、一号令”入手，大刀阔斧地进行政治改革。

“尊主权”“一号令”的关键在于克治明朝权力机构运行不畅的痼疾。尤其嘉靖后期，“政务偷玩，事无统纪”，朝廷诏旨被视为故纸，来往公文多至沉埋，统治机构几乎陷入瘫痪。

“盖天下之事，不难于立法，而难于法之必行；不难于听言，而难于言之必效。若询事而不考其终，兴事而不加屡省，上无综核之明，人怀苟且之念，虽使尧舜为君，禹皋为佐，亦恐难以底绩而在成也。”为了整顿吏治，以达到为官清廉，张居正于万历元年（1573）推行“考成法”。所谓考成法，就是加大对官员的监管力度，督促一切政务的进行。具体方案是在各衙门分置三本账簿：一本是底册，记载一切发文、收文、章程、计划；把其中例行公事无须查考的剔除之后，其余项目再列成两本同样的账簿——一本送各科备注，完成一件，注销一件，定期检查，如果有积压未按时完成的，就由各科上奏候旨，另一本送到内阁备查。为使这一方案得以实施，张居正在明朝祖制六科控制六部的基础上，再以内阁控制六科，这样内阁——六科——六部，由内阁出政策，六部抓落实，六科抓监督，从而形成一个相互制约、相互监督的管理体系。

考成法的主要内容是加强内阁的行政和监察责任，提高吏、户、礼、兵、刑、工六科的监察职能。六科是对吏、户、礼、兵、刑、工六部百司相应而设的监察机构，张居正以六科督促六部，以六部督促诸司以及地方抚按，最后再由内阁直接控制六科，掌握对各级官吏的监察大权。考成法还对六部、都察院等具体行政衙门实施随时考核、事事责成的稽查制度等。这一严密而完整的考成系统，将宦官统率六科、稽查章奏权移交内阁，从而在一定程度上减少了宦官干政的可能，极大地提高了内阁的权威，使权力集中于首辅，从而加强了号令天下的中央集权。考成法提高了办事效率，减少了各部门的相互推诿、扯皮，为精简机构、节省政府开支提供了可能。稍后，张居正便下令裁减部院诸司冗官和各省司、府、州、县官，以提高官吏的素质和行政效率。为排除宦官干政，他告诫冯保“裁抑其党，毋与六部事”，从组织机构上保证事权归一，政令畅通。

考成法的作用

张居正的政治改革，通过整顿机构形成高度集权而又层叠有序的行政系统，并建立起相应的稽查问责机制，确保官僚机器高效运行。傅维鳞在《明书》中赞扬：“万里之外，朝下而夕奉行，如疾雷迅风，无所不披靡。”

在这种层层施压与控制下，各阶层的官员都被纳入国家机器中高效运转起来。一旦哪个官员没有完成指定的任务，轻则降级，重则罢官。张居正对各阶层的官员实行了严格的“随事考核，事事责成”的稽查制度。据说有一年，地方官员反映下面的赋税非常难收，有些地方还有天灾，实在收不齐。于是张居正“法外开恩”，批准可以只收到九成，结果有个巡抚收到了八成八，还是被张居正给降职了。自此以后，各阶层的官员没有谁再敢拖延懒散，只要内阁下了命令，说什么时候完成就一定会什么时候完成。这些都为此后张居正推行各项改革奠定了基础。通过整顿吏治和精简机构，张居正获得了一个效率较高、得心应手的行政班子，为推动经济改革做了思想上和组织上的准备。

考成法的缺陷

但考成法在执行过程中，也出现一些不容忽视的弊端，如考核方法和手段过于粗暴直接，不管任何原因和理由，只要你没有完成上面安排的差事，全部考核不合格，轻则降职，重则罢官；还有官员没有完成自己的业绩，绝对不会让他离职，就算离职了也会被叫回来继续完成任务。张居正还主张连带责任，如果县令没有完成任务，知府也有责任；知府没有完成任务，那么巡抚也有责任；巡抚没有完成任务，那么尚书也有责任。在这种层层连带的规定中，各级官吏无一幸免，全都如惊弓之鸟，夜不能寐。

在考成法的实施过程中，有两项标准是基础标准，那就是欠税是不是能够按时上缴，盗贼能不能及时擒获。由于张居正实行了简单粗暴的考核制度，许多官员为了完成追缴赋税的任务，在向老百姓收税的时候，不顾百姓死活，每次都把百姓家的粮食抢得底朝天；在执行擒获盗匪的任务时，官员们为完成任务，如果抓不到盗匪，往往拿良民百姓充当，造成了无数的冤狱，搞得民间百姓怨声载道。

第二十一章 “一条鞭法”

征税制度

朱元璋为征税，创立了“黄册”，相当于户口簿，包括每户的丁口、田宅、资产，都全部列上。黄册一式四份，布政使司、州、县各保留一份，另一份以黄色封面上报户部存档，故名“黄册”。

洪武二十年（1387），朝廷又用了十年之力，把全国的耕地丈量了一遍，并根据测量结果制定了“鱼鳞图册”，将业主姓名、土地四至、土质等级详细登记，一乡一册，州、县各有汇总的总册。凡有土地买卖，要在官府办赋役随转手续。这个图册上，因为画的土地形状似鱼鳞，因而得名。田赋的数额、劳役的摊派，都要根据这两个册子。

财政危机

明中期，由于土地兼并、豪强瞒漏，大量徭役负担转嫁到户小力单的穷人之家，导致农民纷纷破产逃亡，朝廷控制的田亩、人丁日益短缩，财源枯竭，入不敷出。

由于赋税不断加重，那些没有优免特权的富户不愿意承担，就玩起了隐身法。他们将田地挂到官绅、监生、生员、吏丞名下，这叫“诡寄”，只需向官绅等交“私租”就行；把田地分散挂在乡邻、佃户、仆人名下，这叫“花分”，让这些贫户替自己交税、当差；或者将自己名下的良田谎报为荒地山林；或者干脆以多报少。国家作为赋税主要来源的土地，总数在一年年缩水。

洪武二十六年（1393），全国土地有八百多亿亩；弘治十五年

（1502），全国土地有六百多亿亩；正德五年（1510），全国土地只剩下四百多亿亩。隆庆元年（1567），高拱执政，清查了苏州、松江、常州、镇江四府的造假，查出“诡寄”和“投献”田共一百九十九万多亩，“花分”田三百三十一万多亩。

前期探索

为了应对税收危机，从明孝宗朱祐樘开始，明朝主要是通过扩大税源，即向人少地多的湖广地区移民的方法来增加税收；对于要承担重税的江南地区，明王朝也一直在进行改革，通过减免税收流程、增加税收效率的办法，来尽可能地解决税收矛盾。到了正德皇帝朱厚照在位的时候，明王朝第一次开始大规模地征收海关税，对外国贡使来华贸易，也开始征收百分之二十的关税，但这些措施治标不治本。到了明朝嘉靖皇帝在位的时候，明王朝税收几乎到了匮乏的程度。北方蒙古部落不断侵扰，军费激增，南方倭寇不断进犯，东南的税赋大半泡汤，在这样的情况下，明朝只能不断在中路地区，尤其是江西、湖广地区增税，以及在西南地区把持贸易特权，通过与西南民族的“茶马贸易”来扩大财源，但这样的方式只是拆东墙补西墙。明朝虽然平定了倭寇，抚和了蒙古，但到 1566 年嘉靖皇帝去世时，明王朝的政府存粮竟然只能支持一个月。明王朝经济问题，已经到了不得不解决的时候了。

“一条鞭法”

为了保障税源，增加财政收入，张居正主持推行“一条鞭法”。“一条鞭法”最早出现在宣德年间的江南，只是当时叫“征一法”。宣德年间，江南地区巡抚周忱将原本用米来抵税的方法改为缴纳现银；正统年间，很多地区也都开始效仿这种方法；弘治年间，北方的部分地区也都将银两缴税代替了粮食缴税。一些南方地区开始出现“一条鞭法”的形式。正德年间，徭役发生了变化，分为力差和银差两种方式。力差就是用劳动能力直接代替差役，而银差就是用银两来代替差役。而这也正是徭役实行全面货币化的开始。

嘉靖时期，一些地方官就尝试过“一条鞭法”的改革，但是由于当时阻力重重，最后也就不了了之了。其中最有名气的是应天巡抚海瑞和浙江巡抚庞尚鹏的“一条鞭法”改革。嘉靖九年（1530），户部尚书梁材提出了一些关于改革赋税的建议，内容便是将地方徭役折合成银两，严格按照地方的人口比例，平均分到田赋和人丁上去。

隆庆皇帝朱载垕在位时期，当时主政的大学士高拱已经开始在全国进行“一条鞭法”的试点——河南、江苏、安徽实行“一条鞭法”。“一条鞭法”的着眼点，是明朝此时可以用来缴纳田赋的土地减少且税收的名目多，给了地方官员贪污截留的机会。“一条鞭法”把所有的农业税都统一成一样，化繁为简，折合成白银一次性征收，这样既能使小民百姓少受盘剥，也能将国家的税收效率发挥到最大。

在“一条鞭法”实行的同时，张居正大刀阔斧，开始了在全国清丈土地，主要是清查那些用各种名义寄存、偷税漏税的土地。丈量是用一种像巨大的弓一样的尺子。先由业主自报亩数，然后由业主和官府指派的弓尺手先行“自丈”，最后官府来人核查；两下里吻合后，在图册上盖“丈验相合”章，以此为根据，编制出新的“万历鱼鳞图册”。

清丈的结果，就是明王朝可用来征收赋税的土地，由过去的四百多万顷，变成了此时的七百多万顷。虽然不及朱元璋时期，但是税收效率却远高于那时，因此这也是明王朝税收效率和税收总数最高的一段时期。清丈中，不出意料地遇到许多阻力：有宗室（皇亲）出面阻挠的，张居正回击得相当严厉，拟旨予以处罚，或废为庶人，或夺去宗俸；有官员敷衍了事的，拿以往的黄册一抄了事，科道立即弹劾，给予夺俸、降级处分；还出现了事先没料到的过激倾向，有的地方官为了追求虚名，凭空虚增田地亩数，或将荒地算成良田，还有的用缩小了的弓尺进行丈量。张居正发现问题后，提出只论当否，不论迟速，适当放宽了期限，不使改革走到反面。

土地清丈的结果

张居正对于清丈，曾经发动政治力量，但是结果没有成功，最大的原因还是当时的官吏对于政治的认识不够。有的官员主张只和旧额一样，无须多报；有的官员看到清丈条例对于田地有分列上、中、下三等的规定，索性一例填报下田，认为清丈是一种爱民的政策，不填报上田，以免加重民众的负担。这些官吏在当时都被认为是爱民的好官，而张居正所得的声名是“掊克”，是“以溢额为功”，再加以嘉靖年间计算数字的错误，于是误认弘治十五年（1502）清丈只有四百余万顷，万历六年（1578）清丈得七百零一万三千九百七十六顷，三百万顷的增加，证实张居正的“掊克”。

从全国来看，万历六年的数字比弘治十五年的数字在总数上有增加，但是十三省中，增加的只有七省，减少的也有六省；南、北两京直隶二十八府、州之中，增加的只有十六府、州，和以前一样的有两州，减少的有十府、州。而福建巡抚耿定向、劳堪，江西巡抚王宗载和张居正关系比较亲密，张居正对于福建、江西两省的清丈，也特别关心，但是这一次清丈的结果，福建从十三万五千余顷减到十三万四千余顷，江西从四十万二千余顷减至四十万一千余顷。至如苏州田土从十五万五千余顷减至九万二千余顷，更是很大的差额。

这次清丈之后，田额增加最大的是北京、河南和山东三处，全国增加八十一万顷，单这三处便增加五十一万余顷。弘治十五年，清丈北京十府、州，共计田土二十六万九千余顷，现在是四十九万三千余顷；河南旧系四十一万六千余顷，现在是七十四万一千余顷；山东旧系五十四万二千余顷，现在是六十一万七千余顷。除这三处以外，广东旧系七万二千余顷，现在增至二十五万六千余顷，也是一个很大的数字，在百分比上更加显著。

广东方面，主要的还是治安问题。中央力量加强，地方秩序良好，担负赋税的民众和田土当然会逐渐增加，事情本来简单。北京、山东、河南都是畿辅之地，除去建文年间曾经一度发生内战，以及长城一带偶然遭受敌人的破坏以外，从开国以来，始终保持良好的秩序，现在的增加，当然与治安无关，那么这是怎样的呢？

北京、山东、河南都是畿辅，三处的田土，不断地被勋戚、权贵霸占，一经集中以后，他们提出许多似是而非的理由，躲避纳税的义务。张居正的政策是要打击他们的特权，使他们对于国家有同样的义务。阳武侯薛禄便是一个好例。成祖时代，薛禄从征有功封侯，传到万历年间，已是第七代了，除了公田以外，还有自置田土，是否应当纳税，这是一个问题。张居正决然地说："承询阳武优免事，查律功臣家除拨赐公田外，但有田土，尽数报官纳粮当差。是功臣田土系钦赐者，粮且不纳，而况于差？赐之土田，恩数已渥，岂文武官论品优免者可比？若自置田土，自当与齐民一体办纳粮差，不在优免之数也。近据南直隶册开诸勋臣地土，除赐田外，其余尽数查出，不准优免。似与律意相合，幸惟尊裁。"

万历六年（1578）清丈，除云南、贵州因系新辟地方本应增加，及陕西、四川和南京所属八府、州所加无多，不待研讨外，其余河南、山东、广东三省和北京所属八府，共增七十万顷，占去增加额的百分之八十九。张居正从政令不易贯彻的广东，夺获担负国税的田土，这一点也许人还了解；但是他从勋贵盘踞的畿辅，夺回担负国税的田土，便引起莫大的非议。他们不说他得罪勋贵，而说他掊克小民。这正和他在沙汰生员的时候，一般人不说他整顿学政，而怀疑他得罪圣贤一样。孟子说："为政不难，不得罪于巨室。巨室之所慕，一国慕之；一国之所慕，天下慕之。"在一般人民觉悟没有提高的时候，他们对于大地主阶级的危害认识不够，甚至还会受到大地主阶级的利用。张居正主张清丈，和大地主阶级的利益直接发生冲突，他在身后招致不少的诋毁，也许这也是一个原因。但是张居正说："得失毁誉关头若打不破，天下事无一可为者。"张居正对于一般的毁誉，根本不曾放在心上。

公允课税

张居正抱定"苟利社稷，死生以之"，这一次的清丈，无意中代表一个政治上的基本要求——全国人民对于国家的义务，要求公允地负担。

清丈结束后，官田、民田一视同仁，按照肥瘠程度分为上、中、下三等课税。

为了进一步改变严重的赋役不均，减轻无地或少地的农民的浮税，适应社会经济发展的新形势，张居正在清丈土地的基础上，实行了赋役制度改革。万历九年（1581），张居正通令在全国推行“一条鞭法”，主要内容是统一役法，并部分“摊丁入地”。把原来的里甲、均徭、杂泛等项徭役合并为一，不再区别银差和力役，一律征银。一般人民不再亲自出力役，官府需要的力役，则拿钱雇人应差。向百姓征收的役银也不再像过去按照户、丁来出，而是按照丁数和地亩来出，即把丁役部分地摊到土地里征收，这就是所谓“摊丁入地”；田赋及其他土贡方物一律征银；以县为单位计算赋役数目；赋役银由地方官直接征收，以减少各种弊病。

第二十二章
减编缩员

裁撤冗员

张居正对一些官员的麻木不仁尤其不齿——应该为百姓做什么，他们一窍不通，但是对如何从百姓身上弄钱，却有超常的天赋。嘉靖年间，因国用不足，朝廷在江南一带加赋，地方各级官员趁机多征（公私兼顾），民不堪其苦。当时请假在家的张居正，目睹民间疾困，曾说过："欲物力不屈，则莫若省征发。"

"国家经费，莫大于禄饷。"明中期以后，官俸的支出有时甚至占全年财政开支的百分之三十。洪武年间，全国的文官只有五千多人。正德年间，文官涨到了两万多名。明朝的武官因为是世袭制，子孙后代只要通过了考试，国家就得授官。明初武官有二万八千人，到正德时猛增至十万。张居正首先是对南京的闲衙下手。成祖迁都北京后，在南京留下了一套与中央机构大致相仿的留守机构，这就是明代独有的"两京"制度。不过南京的所谓六部九卿，有高位而无实权，多半是养闲官的。张居正指示吏部，南京官职如果出缺，"非紧要者，不必一一推补"，以"虚其位"而达到裁员的目的。

精简机构

万历八年（1580）十月，张居正令吏部遍查两京衙门，"有冗滥者裁之"，随后，大检查在各省也渐次铺开。万历九年（1581）正月，裁两京户部侍郎以下一百五十六个职位，同年还裁撤郧阳巡抚、顺天巡抚、湖广总兵等地方高级大员职位。江陵柄政十年间，除去后来又增加的，部、院、都抚共净裁二百一十五个职位。

万历九年（1581），裁去各衙皂隶编制一百九十四名，加上因裁官而无形中裁去的皂隶编制，等于当年共裁减皂隶六百二十二名。当时每个皂隶的劳务，每年需要约三十个丁壮轮流无偿负担。这就等于一年减少了一万八千多丁壮的徭役。文官减少了五千人以上，武官减少了一万七千人以上，文武官员总数从十二万余人压缩到九万八千人以下。

第二十三章
整顿驿站

明朝驿站制度

驿递是官方办理公务的主要交通工具，从北京到各省的交通要道都设有驿站，负责供应来往官员的吃、住、差役和车马等交通工具。

朱元璋建立了明朝后马上就整顿和恢复各地的驿站；第二年，他又颁诏，把元朝的“站”一律改称为“驿”。驿站是个相当大的交通与通讯网络，全长十四万多里，沿线每六十至八十里设一个驿站，全国共有驿站一千九百三十六个。驿站担负着文件传递、军情传达、更换马匹、货物转运等任务，最重要的用途就是供往来官差休息，有的大驿，配置的房屋甚至超过百间。

驿站由当地官府管理，经费由官府向当地百姓摊派，驿站的工作人员，包括驿丞、侍者、轿夫、马夫、兽医等人的住所也都在驿站当中。明代驿站设驿丞一人，从九品，属于官员的编制，任职三年。驿丞虽官卑职微，但责任重要，迎送对象多是显官大吏。除驿丞外，通常并有一名无品级的吏员协助驿丞工作，驿吏需任职九年方为期满。驿卒分工细密：马夫和驴夫负责饲养马驴，应对差事；马头和驴头负责收买马驴及杂物；车夫、厨夫各有专司；库子分为廪米库子、铺陈库子、草料库子；斗级和防夫负责驿站及仓库安全；看囚夫负责过往囚犯的看管；轿夫、杠夫则是最劳苦的夫役。

过往官员住在驿站的用马、用车、用人全免费。正因如此，使用驿站的官员越多，当地百姓的负担就越大。朱元璋考虑到了这点，曾规定：凡是驿夫和马夫，所承担的其他赋役就要适当减免。鉴于元朝驿站混乱，为了规范管理，限制驿站的使用以防止特权者滥用，洪武二十六年（1393），朱元璋颁布了《给驿条例》，限定使用驿马、驿船的人员。明初使用驿站有严格的规定，非有军国要务，不得发给印信乘驿，违者重罚。明确规定“非军国重事不许给驿”，意即不是国家与军事大事，一律不许滥用驿马或动用驿站的邮递设施；同时控制使用驿站的官员人数，以免百姓负担过重。所以不论多大的官，不是出公差，就别想使用驿站，而且所带随员也有人数限制。驿站见到兵部或巡按开出的“符验”（勘合），就予以接待。符验上对职务、到达地点、往返日期、应享受的费用、准许使用的交通工具数量等都开列得很详细。

洪武八年（1375），开国功臣延安侯唐胜宗因违犯驿站条例，曾被革去爵位；吉安侯陆仲亨外出擅使马车，也曾被朱元璋申斥。这些规章到明朝中后期形同虚设，乱开验符现象普遍，不仅官员人人可用关牒（勘合或者火牌），而且其他各色人等，只要与官员沾亲带故的，都可以借关，若借不到关，还可以买关。兵部和各省抚按，随意填发印信送人情，一张印信使用终身，或是辗转赠送。官员在驿站百般勒索，捕人掠盗。

正德年间，所有条例成一纸空文。应天府的龙江驿，负责输送官方人员和物资过江，仅负责运输江南鲥鱼的尚膳司太监，就长期占用船夫一百二十名，所夫二百九十七名。其他针工局、巾帽局、提督织造、乐器监造等部的太监也频频追逼人夫和船只，外加勒索。递运所大使李臻、李福无力应付，竟被迫上吊而死。一些大宦官的仆人外出办事，凭一张条子就可以从兵部拿到符验。百官也群起而效仿。兵部和抚按干脆把开通行证当作人情来送。

改革措施

为此，万历三年（1575），张居正严令“凡官员人等，非奉公差，不许借行勘合”“虽系公差人等，若轿杠夫马过溢本数者，不问是何衙门，俱不许应付”。（《明会典》）他要求兵部与抚按要敢于抵制非分要求，按章发出和收回勘合，如有违规，严惩不贷。驿递官吏如遇到过往官员勒索，可以举报。抚按也要及时对违纪者进行弹劾，不许向小官吏身上推责任。张居正利用考成法，逐级有效地监督，奖罚随之，收效很好。

万历八年（1580），有官员陆续违纪，张居正因此降了一批部、省级官员和知府的职，其中云南布政司左参政吴孔性因擅用驿站被罢官。张居正采用的手段很猛，原则上是省部级降三级，知府降六级，知县革职。

经过张居正一番雷厉风行的整顿，驿站负担大为减轻，站银需要量也跟着减少，这就意味着加给老百姓的摊派也减少了。据《国榷》里面统计，从万历四年（1576）至万历十年（1582）四月，全国共减免站银八千九百五十六万余两，折米二百万石，仅京畿一带，驿站的开支就省去百分之八十。

张居正崇尚实学，对嘉隆以来的空谈学风颇有不满，认为“比来士习人情，渐落晚宋窠臼”。

第二十四章
书院噩运

书院弊端

在进行政治和经济方面的改革之后，张居正又将眼光放在了教育上。当时教育领域的风气可谓乌烟瘴气：学生私自贿赂教员，而教员不负责任的同时也非常不自重。这导致很多人开始将名利作为目标，私下为了仕途走贿赂捷径的人越来越多。如此一来，学子们不再追求学业，都一心想靠走后门进入官场。而一些官员也为了自身利益，开始纵容并接受好处。张居正对这种现象感到十分头疼。他认为官场之中的腐败，根源就是从教育开始的，如果想要彻底地杜绝这些现象，那么就要用强硬的手段进行教育风气的改革——必须先整顿翰林院，而后推广至全国各地的普通书院。

在教育问题上，另一个比较突出的问题是私自开办书院，打着书院的旗号聚敛财富。为此，张居正多次向万历皇帝上书要求关闭私人书院，严查私办书院的相关人员。

当时张居正得到可靠的消息，说有一名叫施观民的人违背朝廷的旨意，私自开办书院收敛财富。张居正以此为契机，下令查封。同年七月和十月，张居正又两次下发公文，不许私人创办书院，一旦发现，严惩不贷。

书院改革

万历三年（1575）五月，张居正向万历皇帝上书，强烈要求“整顿学风、重振人才”，并且请旨要求将教育系统的官员一律换成品行端正、博学多才的官员；要求负责监督教育的官员，要经常亲自到一些州县去考察，广泛地提倡孝道，推举清廉作风；要求学子应该好好读书，不能结党营私，而且不能谈论国家之事。

对于教育方面的改革，张居正还制定了非常严密的条例：

一、在改革实施以后，各个省负责监管教育的官员都要亲自带领教员与学子将平时所学习的课程进行探讨；教员以及学子不允许在府学、州学、县学之外的地方私立书院，更不能结党营私，召集一些无用之徒，谈些与学业无关之事；不能妄想走捷径行贿赂之事。

二、如果教员以及学子在平日里荒废学业，买通官府假公济私或者包揽官司、行为伤风败俗者，一旦证据确凿，不管平日成绩怎样出众，立即开除，朝廷不再录用。

三、关于朝廷以及国家的弊端，民众都可以直言进谏，但是学子们不能发表任何观点。

四、各省专管人员，要在朝廷的指示下开办学校，不能越职越权，更不能利用任何理由以及借口谋取利益或者拿好处为别人谋取官职。

五、各省管理教育方面的官员，每年都必须亲自前往所管辖的地区做考核，考核结果必须真实，且上报给朝廷。

六、在每年的考核过程中，书院的教员以及生儒必须严格地监督，不能出现私自包庇的现象。一旦出现碌碌无为、荒废学业者，立刻开除，不得纵容。如果被开除的学子传播流言或者想私自进行报复，那么就立即查出证据，交由朝廷严惩。

七、学子文理不通者，考试不及格者，接受助学银有超过十年以上者，全部派到周围地区衙门充当胥吏；接受助学银有六年以上者，派到本地衙门充当胥吏。

对于张居正拟定的这些条例，万历皇帝十分赞成。因此，万历皇帝立即下旨，要求相应的部门按照这些条例进行；如果有不按此执行者，立刻罢黜，而且绝不能徇以私情。

张居正想彻底改革教育体系，但上面的措施却明显力度不够。于是，在万历七年（1579）正月，张居正再一次上奏要求整顿教育界的风气，而这次的手段更加严厉了——张居正要求全国的私立书院都要彻底禁止开办。因为当时张居正得到了可靠的消息，据说有一个名叫施观民的人违背了朝廷的旨意，私自开办了学院，并且利用机会为自己收敛财富。而张居正也借此称私自开办的学院都普遍出现了这种徇私枉法的行为，因此所有私人建立的书院，全部被查封。同年七月和十月，张居正又两次下发公文——不许私人创办学院，一旦发现立即严惩不贷。接着，神宗皇帝下达旨意，取消了全国六十四处学院，很多在历史中非常有名气的书院也在这个时候终止了教学。当时的张居正在推行政策时，非常独断专行，以致张居正的这些做法遭到了很多读书人的反对。而其中，一个名叫何心隐的人反对得最为强烈。

书院争议

张居正在改善教育上的作为是利是弊，争论很大。尽管一度净化了教育界的风气，但其独断专行，遭到了很多读书人的反对。在禁止私设书院这件事情上，就招致很多质疑。当时，由于很多著名的书院也被禁止，其中一个名叫何心隐的人，站出来公开反对张居正。

张居正在颁布禁止私办书院后，严厉打击各地的私人书院。但禁学令下仍然有人开办私院，到处讲学。以王良在山东开创泰州学派为代表，声称要将泰州学派发扬天下。何心隐是泰州学派的代表，常聚集一些群众来听王良讲学。

何心隐走南闯北，在湖北孝感聚众讲学，对张居正的做法予以驳斥，并且还拟告状，要与张首辅辩论一番。

在湖北，何心隐还倡导建立独特的公社式团体，名之曰“会”，提倡在会中“老者相与以安，朋友行与以信，少者相与以怀”。何心隐以布衣倡道，这对处于疾苦之中的民众，不妨说也是一种安慰，因此受到底层社会群众的拥戴。

但他的行为势必与朝廷“不许群聚徒党”的规定相违背，并且他还经常在讲学的过程中出言侮辱朝政。对此，张居正不能容忍，命湖广巡抚捉拿何心隐归案，上报朝廷，最后将其打入大牢。何心隐于万历七年

（1579）九月死于狱中。

上述措施虽带有强烈的政治色彩，但再一次证明张居正整顿教育风气的决心。万历七年（1579），他再次上书万历皇帝，要求对全国私立书院彻底严禁。

从张居正改革取得的成效来看，禁止书院是正确的。读书人在明朝有地位，书生的言论可以左右朝政，但事实上，一些读书人只有理论，不能从实际出发。而张居正是位实干家，讨厌纸上谈兵。

第二十五章
用人智慧

驭人观点

驭人向来是一门很深的学问，张居正的著作《驭人经》分为“驭吏”“驭才”“驭士”“驭忠”“驭奸”“驭智”“驭愚”“驭心”等八卷，提出针对不同的人采取不同的驾驭之道。其中,《驭吏》卷尤为精彩：

> 吏不治，上无德也。吏不驭，上无术也。吏骄则斥之。吏狂则抑之。吏怠则警之。吏罪则罚之。明规当守。暗规勿废焉。君子无为。小人或成焉。

这段话的意思是说：

你的下属如果没有治理好，那是因为你的道德形象树立得不够。如果不能好好地驾驭下属为你所用，这说明做上司的没能力！当下属骄傲而目中无人的时候，你就要斥责他；当下属狂妄而忘记分寸的时候，你就要抑制他（不要等到他羽翼丰满而无法驾驭）；当下属现出怠慢的颜色时候，你就应该警告他；当下属犯了错误的时候，你就一定要责罚他。明文规定的制度，作为领导者应当带头遵守；如果有潜规则，你也没有必要把它废除。君子的做法有时候取得不了理想的结果，用小人的方法会取得意想不到的效果。

除了精辟的理论，张居正还将此项主张有力运用于实践。

改革政策的执行需要有一套自己的班底，因此这就涉及用人的艺术。张居正曾在《答奉常陆五台论治体用刚》中言“仆一念为国家为士大夫之心，自省肫诚专一，其作用处或有不合于流俗者，要之，欲成吾为国家士大夫之心耳。仆尝有言：使吾为刽子手，吾亦不离法场而证菩提。又一偈云：高岗虎方恐，深林蟒正嗔。世无迷路客，终是不伤人”。张居正本着大公至诚的自信用人才，要求“能办国家事，有礼于君者”。

对于张居正的用人艺术，熊召政概括为六条：

一是“毋徒眩于声名”，不为人的空名所迷惑，而考察其实际才能与成绩；二是“毋尽拘于资格”，不为资历、资格所限，而看有无生气与发展潜力；三是“毋摇之以毁誉”，不要轻易地被舆论的褒扬贬斥所左右，要实地考核，决定弃取；四是“毋杂之以爱憎”，评判人才时不要掺杂个人爱恶的感情；五是“毋要以一事概其生平”，不要因一事一时的成败评判一个人，而要看全面与发展；六是“毋以一眚掩其大节”，人无完人，难免有过，不要因一次过错而全盘否定。

而郦波在《风雨张居正》中的概括同样精辟：第一，用新人，也用旧人；第二，用干事的人，不用说话的人；第三，用稳重的人，不用极端的人。

看人：克服六大误差。张居正的名言是“世不患无才，患无用之道”，他在著名的《陈六事疏》的“核名实”一篇中，专门论述了用人方略。其间，他总结了前后主持十年国事的用人经验，提出看人容易出现的六大误差：徒眩于声名、尽拘于资格、摇之以毁誉、杂之以爱憎、以一事概其平生、以一眚掩其大节。就是说，不听名声而看行为，不问资历而看潜力，不听闲言而看功实，不凭好恶而趋理性，不以一事论英雄，也不以一错定平生。

用人：讲究考核检查。考核与检查必须双管齐下。目前，企业管理者往往在考核和检查中有意无意地倾向于一种，有的倾向于考核，凭借人力资源部出台一套考核方法，实现用人以功的管理。有的管理者倾向于检查，即以过程监督为主，进行事中管理而不是事后总结。张居正则认为这两种方法必须兼顾。

调人：轮岗是一种提拔。巧用而不是滥用平级调动，把岗位轮换当成一种提拔员工的方式，可以化平凡为神奇。一般而言，岗位轮换都有其目的性，不外乎三个目的：一是锻炼人才，提高其综合素质，尤其到基层负责是一般的上升通道，因为这样符合中国人的老规矩“名将出身行武”；二是瓦解帮派，任职时间一久就形成了习惯势力，不便于全局管理，按明朝当时的祖宗旧制，“三、六年考”是规矩，也就是三年就有可能岗位轮换了，比现在通常使用的四年制任期还短；三是利用新人的加入产生新的制衡关系，以利于最高领导控制全盘人马。因此，岗位轮换成为许多决策者的御人大法。

重用循吏，慎用清流

张居正用人，打破了君子与小人的界限。总结他用人的经验，最核心的一点就是重用循吏，慎用清流。循吏，就是脑子一根筋，只想把事情做好，把结果放在第一位，而不会有道德上的约束；清流则不同，总是把道德放在第一，说得多，办成的事却少。

为了调动官员的办事积极性，张居正大力改革吏治，设立考成法，对官员进行定期考核。张居正在考察中裁撤了大批冗员，奖励廉能。万历九年（1581），一次就裁革冗官一百六十九名。在他当政期间，裁革的冗官约占官吏总数的十分之三。与此同时，张居正广泛地搜罗人才，把那些拥护改革、政绩卓著的官员，提拔上来，委以重任，信而用之。万历四年（1576）十月，万历皇帝审览了关于山东昌邑知县孙凤鸣贪赃枉法的奏章后，问张居正：“孙凤鸣进士出身，为何这样放肆呢？”张居正说：“孙凤鸣正是凭借他进士出身的资历，才敢这样放肆；以后用人，当视其才，不必问其资历。”万历皇帝赞同了他的意见。这样，张居正又以圣旨为令箭，打破论资排辈的传统偏见，不拘出身和资历，大胆起用人才。起用人才时，他主张“论其才，考其素”，对才能和品德进行全面考察。同时，他又注意到每个人的长处和短处，用其所长，避其所短，被他选中的文武官员都在改革中发挥了骨干作用。

殷正茂等曾受到高拱的赏识和重用，但并未因此而影响张居正的选择。他任命殷正茂为广东提督，平息了地方动乱和海盗的侵袭。张佳胤是高拱最得意的门生之一，此时是应天巡抚，但由于非常正直，张居正上台了他也没惊慌。可是棘手的问题却出现了：徐阶教子不严，导致三个儿子仗着老子的权势在地方上胡作非为。当初高拱抓住了徐阶儿子们的把柄，把徐家往死里整——先是把徐家大片的良田没收充公，又把徐阶三个儿子中的两个先后定罪发配到边疆去了。张居正实在看不下去，站出来“从容为拱言”，也就是为徐阶辩护，再加下天下人的非议，高拱才收手，没折腾徐家老三，给徐阶留了个儿子在身边。

可这个老三也不消停。他看高拱一倒台，他爹的得意门生张居正掌权了，立马就又耀武扬威起来，又霸占了别人家的田地。这主家就到应天府把徐家老三告了。

张佳胤本来是要秉公办案的，但一看被告是徐阶的儿子，就为难起来：秉公办理吧，弄不好会得罪张居正，那可是他恩师的儿子啊；徇私枉法吧，又要毁掉一世英名，有负社稷和黎民。纠结了一阵后，张佳胤打定主意，与其进不得，退不能，夹在中间难做人，不如干脆回家算了，就把辞职报告打上去，收拾好包袱，准备走人了。

张居正同时收到了张佳胤的报告和徐阶的信。张佳胤的报告里倒没提徐家的案子，只说是自己能力不够，所以想辞职。可徐阶的信里把这事说得清清楚楚。张居正那是多聪明的人啊，一看就明白张佳胤是因为徐家的案子才要辞职的。

开诚布公

张居正想，解决这个案件最好的办法是开诚布公。

张居正想救杨继盛的时候，就直接去找徐阶，明知徐阶不会答应，还要做道义上的努力；他要搭救徐阶的时候，就直接去找高拱，明知高拱气量小，还要“从容为拱言”。张居正最会用的手段就是面对问题不回避，不绕圈，直接面对，单刀直入。

张居正同时写了两封信：一封给徐阶，一封给张佳胤。

给徐阶的信里，张居正先叙师生恩情，承诺为徐家平反昭雪那是一定的事儿，把大事答应下来之后，笔锋一转说到徐家老三的案子，摆明当前的政治局势，说明这桩民事诉讼案现在已经不再是一起简单的案子，那可是“牵一发而动全身”——牵了“张佳胤”这“一发”，可就动了“官场人心”这个“全身”！老师您也是当过首辅的，也教过我要以国事为重，所以这个时候居正我绝不能因事废人。换了老师您，我想也会这么做的。

这话说得在情在理，据说徐阶看了之后惭愧不已。但张居正帮徐家平反昭雪的事承诺下了，徐阶最大的心病也就了了。

给张佳胤的信，张居正一句点破，说张佳胤的顾虑还是在党派之间的成见，然后话锋一转，透露了个小秘密：“自公在郎署时，仆已知公，频年引荐，实出鄙意。不知者，乃谓仆因前宰之推用为介，误矣。”

这小秘密就是你以为你的提升是因为你的老师高拱呀，事实上我现在可以告诉你了，那是我张居正很多年前就发现你是个人才，虽然没和你结交，但是我反复在组织部门面前推荐，你才得以被重用的。要较真起来说，你张佳胤应该算我张居正的人！

张居正紧接着说：“天下之贤，与天下用之，何必出于己？……区区用舍之间，又何足为嫌哉？”

不论是谁推荐的你，那都是为了国家而起用人才，这是公理。我张居正在这个位置，和你张佳胤在那个位置，我们都是为了国家才不辞辛劳、勇担重任的。君子立身为国，当坦坦荡荡，又何必心存芥蒂，分谁是谁的人呢？如果只执迷于此，又如何对得起自己心中那满腹的才学呢？

张佳胤看到信之后，心中也不由得一阵惭愧。张居正在信最后对张佳胤提出的“愿努力勋名，以副素望”的殷切期望算是真正打动了张佳胤。张居正接连去过两次信劝慰，张佳胤才打消疑虑，认真为朝廷办事。从此他安下心来，秉公断了徐家的案子。张居正收服了张佳胤的心，可以说也就收服了中层官僚中那些摇摆不定的高派官员的心。这一下，张居正要在人事上进行大清洗的谣言也就不攻自破了。

张居正任用张学颜为户部尚书，让其主持会计，实施田亩清丈，颇有成绩。张居正心胸宽大，不计个人恩怨。他曾说过：“为国家爱养人才，不敢以私意用舍。”这一点体现了张居正的精明。

万历六年（1578），桃源北崔镇的黄河决堤，导致淮安、扬州两府之间的高邮、宝应等地都被大水淹没。张居正为了寻求治理黄河水患的方法，没少动脑筋。朝廷里与此有关的河道大臣与漕运大臣之间争吵不断，而张居正又非专业人士，所以也拿不定主意。

张居正虽然在水利上不专业，但他在人事上很专业，所以他不管河、漕大臣之间的争执，私下里去寻找能治理黄河水患的专门人才。经过多方打听，张居正知道工部有一个叫潘季驯的低级官吏，多年参加黄河与漕运的治理，相当有经验，但他的方法往往不为上层所重视，所以一直屈居下僚。张居正亲自登门向潘季驯请教。

张居正一进门就看到潘季驯模拟黄河水道做的一些研究模型，就知道这是一个实践型的人才；再听了潘季驯有关治理黄河的见解与观点，从谈吐中更加确定了这是一个能干事的循吏。所以张居正下定决心，越级提拔潘季驯来主持黄河治理的工作。

疑人不用，用人不疑

同时，为了保证不让官场上的扯皮和纷争给潘季驯造成不必要的麻烦，张居正又上奏万历帝，把两个相关的职能部门——河道与漕运合并成一个，让潘季驯来总理河漕。

所谓“疑人不用，用人不疑”，张居正赋予潘季驯治理河漕的最高权力，并亲自为其开展工作肃清了一切障碍。

潘季驯誓死以报张居正的知遇之恩，殚精竭虑，制定“塞决以导河”“固堤以杜决”的方针，用一年多时间完成两河治理工作，筑堤岸一百七十余里，塞决口一百三十多处，又筑遥堤五万六千余丈。此后数年，河道无大患。潘季驯以大智慧解决了黄河水患，并因此在万历朝受到百姓的爱戴与朝廷的嘉奖。

当时得到重用的还有抗御倭名将戚继光、谭纶。

倭寇是 16 世纪令中国沿海居民闻之色变的恶魔的代名词。这些由日本人、朝鲜人和少数中国人组成的海盗，乘坐着长达一百尺、宽达三十尺、船壳厚达七寸的战船，从海上而来。他们先是走私，继而发展到杀人越货，再后来则登陆于岸，攻城略地。这些倭寇中的日本武士主要来自山口、丰后、大隅、萨摩和博多湾以及对马和五岛列岛。他们的初衷不过是想通过和中国海盗联合，以军事行动迫使中国政府开放对外贸易，给他们一个发财的机会。他们中的头目甚至幻想能通过明朝的招安而在明帝国谋得一官半职。

戚继光是一名罕见的将才，从军“三十年之间，未尝一日不披坚执锐，与士卒共命于矢石之间”，《明史》上也说“戚继光用兵，威名震寰宇”。嘉靖三十一年（1552），戚继光应考山东武举，在数百人中脱颖而出。次年夏，戚继光被提为山东都指挥佥事，参与当地的防海抗倭。此后十余年间，戚继光辗转山东、江苏、浙江、福建，再到广东，所到之处皆留下“戚家军”赫赫威名。

可是最初戚继光和倭寇还没有正面交手，就差点吃了个大亏。那是嘉靖三十六年（1557），倭寇犯乐清、瑞安、临海，戚继光支援不及时，遭言官弹劾，被免职。

犯了错误受了处分的戚继光改守浙江沿海。到了浙江，戚继光深知那些卫所的军队要和身经百战的倭寇作战无异于驱羊喂虎。这时，他想起了岳飞的岳家军，决定创建一支戚家军，以便和倭寇决一死战。戚继光所招的兵源主要是浙江的金华、义乌等地的农民。他一生坚持这样一个准则：进他的队伍的兵，必须是农民，决不收城市市民。他认为来自城市的人多半是奸猾之徒，远不如纯朴的、吃苦耐劳的农村青壮年。戚继光自嘉靖三十八年（1559）开始征兵，当年征了三千，两年之后，增加到六千，到嘉靖四十一年（1562）则增加到一万。这种几乎完全由将领个人进行的征兵和练兵方式，在极度集权和武将地处下位的明代是极其罕见的。

戚继光时代的明朝政府军，多年不事征战，加上待遇又低，武将看不到前途，士卒更看不到希望，空有一支二百万人左右的庞大军队，却屡受倭寇和北边瓦剌侵扰。戚继光要重振军备，首先是建立一支能征善战的队伍。

这时鸟铳、火枪和大炮都已经进入实战，戚继光以一个军事家的极度敏锐的眼光看到了这一点，因而在他的部队里，他强调的不是个人武艺的高低、手中挥动的大刀的重量，而是一种协同作战的团队精神。戚继光将他的三千军队分为几百个战斗小组，每一小组由一名队长、一名后勤和十名战士组成。十名战士则各有分工，其中四名手操长枪作为攻击的主力，他们的前面又有四名士兵——右方的士兵持大型的长方五角形藤牌，左方的士兵持小型的圆形藤牌，用以抵敌作掩护；之后则有两名士兵手持一种叫狼筅的武器，即连枝带叶的大毛竹，长一丈三左右；长枪手之后，另有两名士兵挥舞放置有火箭的镋钯。在这种名叫“鸳鸯阵”的战斗组合中，很明显，个人武艺的高低并不是起决定作用的，相反，参战者的协同配合和严明的纪律才是胜利的根本保证。

倭患既除，东南沿海为之一清。这时，蒙古军队屡犯北边，给事中吴时来上疏请召同为一代名将的俞大猷和戚继光北上戍边。但最终成行的却不是在当时名望比戚继光更大的俞大猷，而是“操行不如”的戚继光。

张居正看到，蒙古诸部也不是铁板一块，各部时合时分，彼此也有攻杀，这就完全可以分而制之。张居正的策略，简略地说就是“东制西怀”——拉住一个打一个。西怀，就是对俺答诸部的怀柔。

张居正批准戚继光把在浙江时所练的士兵二万人调到蓟州。为了赋予戚继光统筹北部边关的权力，张居正创立了一个叫总理蓟州军务的官衔。这是为戚继光特设的一个职务，以示和其他地区的总兵相区别，本意是能让他带更多的兵，但因和三镇的总兵官权力划分不清，“诸将多观望”；并且把蓟州境内的其他高级将领调往别镇，以免他们可能成为戚继光的绊脚石。同时，张居正的另一位心腹谭纶又非常及时地向皇上提出：蓟州等边地的文官不得干预军事，并且主张戚继光在三年的练兵期内可以不受言官的批评。

于是兵部将戚继光调任蓟州总兵官，能实际控制一镇的军队。可是这样一来，名衔却有所降低，戚继光为此怏怏不乐。张居正那时还只是内阁的普通辅臣，不能直接改变这一状况，便说服隆庆皇帝改任戚继光为总理练兵兼镇守，可以节制其他两镇总兵，使之便于练兵。

戚继光初到北边，见北地边军纪律松弛，就与谭纶一起调来三千浙兵。浙兵都由戚继光一手训练而成，纪律严整，可充军中骨干。刚到北边那天，正逢大雨，三千兵伫立雨中不动，从早至暮，犹如树林。北方边军看见，无不震骇。

戚继光到北方后，轮训三镇边军，使其声威稍壮；又从沿海招募贫民屯垦，解决了军粮问题；然后修筑空心敌台。原北京一带边墙是明初大将徐达所筑（并非秦长城），嘉靖年间陆续修过，但年年有所损坏。戚继光认为，蓟镇边防绵延两千里，只要一处有缺口，则整个边墙都是废的，年年修，年年有塌陷，纯属浪费。他提议，最好跨墙修建空心台，也叫作“敌台”：高五丈，中空，里面三层，上有雉堞（枪眼），内可宿百人，里面铠甲、器械、粮草俱全。

张居正对此给予了极大的支持，亲自督促建造。历时三年，从居庸关到山海关，共修了一千二百个空心台，又从后方调来浙兵九千人负责防守。

但戚继光刚刚北调时，有的督抚和兵部的一些人看不惯戚继光。他们无法否认戚继光的平倭战绩，就说南兵不适合北边。张居正明确表态说，戚继光“才智并非拘于一局”，在南方行，在北方为何就不行？

张居正任首辅以后，把与戚继光惺惺相惜的谭纶调为兵部尚书，又怕戚继光受朝官们欺负，特意安排梁梦龙担任戚继光的直接上司——蓟辽总督。为此，他还写信安慰戚继光说，梁梦龙是其门生，他们的师生关系最好，由梁梦龙担任蓟辽总督，决不会对戚继光不利。

对戚继光性格上的弱点，张居正可说是如父如兄，每每去信予以劝导，反复告诫“愿足下自处，务从谦抑”，劝他不要与人争功，不要无谓冒犯上司。

戚继光也没有让张居正失望。他出任蓟州总兵三年，蒙古俺答汗便和明政府盟约，从此不再入侵中原，双方开设边贸互市。

戚继光的军事才能在镇守蓟州期间再次得到了充分的发挥。他根据蓟州的地理条件和同蒙古骑兵作战的特点，从实战出发，加紧军事训练，整饬边防。在他镇守蓟州十六年间，蓟镇一带出现了难得的升平景象——长城内外烽火不燃，老百姓们安居乐业。

李成梁是朝鲜裔人，自幼生长在辽东，深谙鞑靼土蛮部的虚实。隆庆元年（1567），土蛮部进犯永平府，他援救有功，以参将升副总兵，协守辽阳，从此崭露头角。隆庆三年（1569），他斩敌酋张摆失。隆庆四年（1570），俺答的儿子辛爱大举入侵辽东，大明总兵官王治道战死，辽东全线告急。李成梁继任总兵官，坐镇辽阳。他临危不惧，积极修工事，选将校，招健儿，稳住了局势。

《明史》上说他“英毅骁健，有大将之才”。此言不虚，他确实有一番奇谋。自此后他便转守为攻，于隆庆五年（1571），夹击来犯之土蛮部于卓山，斩首五百八十余级。万历六年（1578），他率军趁夜出塞，长途奔袭二百余里，直捣泰宁部与土蛮部进犯大军的营地——劈山营，斩首四百三十级，此为劈山营大捷。万历七年（1579），土蛮与泰宁部的速把亥两部合驻红土城，分兵进攻锦州、义州，李成梁趁夜出塞二百里，直抵红土城，斩首四百七十余级，此为红土城大捷。万历八年（1580），鞑靼千余骑从永奠入侵，李成梁又出塞二百余里，斩敌人七百五十人，尽毁其营垒。

李成梁也有其缺点。史载，他“贵极而骄，奢侈无度”，对辽东的军费、马政、盐业、政府采购无不包揽，以此中饱私囊，以致“全辽商民之利尽笼入己”。在战功方面，他也有虚报，仗着边地遥远不易核查，经常谎报战功；若敌人已从别处突入内地，他则拥兵观望，并不出手；有时甚至掩败为功，放纵部下杀良民以取首级冒功。

张居正对这个桀骜不驯的武夫，有着清醒的认识。首先，他极其清楚李成梁的存在，对辽东防务乃至大明的安危都有重要意义，所以从未动过撤换之心。鉴于大局高于一切，张居正对李成梁的污行劣迹做了不少让步，但对李成梁的所有动向均了如指掌，决不放松。

万历三年（1575）五月，李成梁报称土蛮部拥兵二十万来犯，前锋已至近边的大凌，“请兵请粮急于星火”。辽东巡抚张学颜连忙飞报兵部，兵部闻讯张皇失措。

张居正却保持了异常的镇静，对局势做了估计：此时正当暑天，又大雨连绵，不利于骑兵作战，根本不是北虏进犯的恰当时机，土蛮部不大可能愚蠢若此。他一方面令戚继光严密防守并派兵应援，一方面让宣府巡抚吴兑探查敌情。

结果事实正如张居正所料。张居正接报大为震怒，请旨对兵部和李成梁严词申斥。他批评兵部“彼己虚实茫然不知，徒借听于传闻耳，其与风声鹤唳、草木皆兵者何异？似此举措，岂能应敌？”张学颜与兵部尚书杨博都是张居正素所倚重的大臣，但张居正并未稍做宽容，同时对李成梁也狠狠敲打了一下。

在西边，张居正先后任用以“勋著边陲”的王崇古、“才略明谋”的方逢用镇守大同、宣府。他们修边墙，开屯田，加紧练兵，大大加强了明朝的防御力量。

人员调整

同时张居正又对不满意的人员进行了大幅度调整。出于政治局势上的需要，张居正确实要对原来高拱手下的那批言官进行一次清洗。

在明代，言官的品级一般不高，像六科的给事中，一般也就是七品，那在京官里也就是最低的。但由于他们的身份比较特殊，所以高层官员一般都注意拉拢他们；反过来，有高层的拉拢，这些言官为了将来的仕途考虑，也愿意找个强大的后台。于是言官就分成了帮派。

高拱手下原来的那帮言官跟张佳胤这些人不一样，他们是铁了心跟高拱的，身上的政治帮派标签最为鲜明。张居正不只开除了属于高派成员的这些言官，还把一些好斗分子、好争吵分子趁机也都给清洗掉了。

张居正说过：“二三子以言乱政，实朝廷纪纲所系，所谓‘芝兰当路，不得不锄’者，知我罪我，其在斯乎！”

张居正对海瑞的态度

海瑞是历史上有名的大清官。海瑞的清官之名不仅得益于他的清廉和反贪污，更得益于他大胆耿直的性格和特立独行的做事风格。让他在官场上崭露头角的事并不是他的工作业绩，而是他作为一个六品低级官吏，居然敢抬着棺材上朝去骂嘉靖皇帝。嘉靖皇帝看了海瑞的万言书，虽然气极了，却没杀海瑞，只是把海瑞给下在了大狱里。刑部尚书认为海瑞大逆不道，应该论斩。可嘉靖皇帝这个素来睚眦必报的人居然把海瑞的案子压下来不批，但也不放他，就关在大牢里不闻不问。嘉靖皇帝死了以后，徐阶把海瑞从监狱里放了出来。

鉴于海瑞的名声，徐阶决定予以重用。他让海瑞到江南当了应天府的巡抚，管南京周围几个最富的州府。可海瑞的工作风格和他的人一样太极端，整天只关注一些鸡毛蒜皮的小事，要么如何节约办公用纸，要么清查手下有没有人拿回扣，要么就整天在田间地头帮农民跟地主要地。所以他到哪儿上任，当地的富户就紧闭大门，连富裕的商户也不敢开市交易。海瑞在南京搞了两年，大户人家都跑了，没有了税源，结果当地的赋税减了三分之二。他自己倒是非常清廉，八抬大轿也不坐，骑驴子上班。这样，他班子里的其他官员很不满意，因为他是一把手，既然他骑驴子，那二把手岂敢坐轿？因此官员们都想办法调走。富人都很怕他，穷人和富人打官司，不管谁有理，肯定是富人输。海瑞是一个非常理想化的人物，但他对行政管理的确缺乏经验。工作搞不上去，海瑞气得骂“满天下都是妇人”，愤而辞职。

在生活上，海瑞他也这样。据说海瑞在那个时代是唯一一个从不接受贿赂的人，但明朝官员的工资又很低，这是明朝官员腐败的一个重要因素。因为穷，所以官员们就想办法搞钱权交易，而清朝雍正的养廉制度就高明很多。不可能又让马儿跑，还让马儿不吃草，怎么办，就让你吃饱，然后好好干活儿。朱元璋也早看到这个问题，所以官员的田地可以不交税，可是却导致官员乱占耕地。所以对待官员的待遇应该是在基本物质保证满足后，制定一套监督与实施相结合的防贪与反腐的机制，有丰厚待遇就不应再贪心，否则就往死里打击，明朝却一样都没做好，无论主观和客观都是一个败笔。

其实这个传统要从朱元璋开始说起。朱元璋给一品大员一年一千零四十四石米，往下递减，正七品知县一年只有九十石米。以知县为例，管理一个县的县官一个月的工资只有七点五石，请注意，这些收入他要拿去养老婆孩子，还有一大批人。知县管许多事，打赏下面的小吏是免不了的。他手下还有一大堆的长随，按等级分为大爷、二爷。大爷有门政大爷（看门的）、稿签大爷（签押房磨墨的），下面是一群二爷，包括发审、值堂、用印等人，这些人是知县签押房里的办公人员。此外县的重要部门知县都会派人去看着，知县还会带着自己的厨师、师爷。这一大帮子人都是县官的手下，全部要他养活。一个月只有七点五石的俸禄，大家就只好去喝西北风了。

朱元璋时期的宏文馆学士罗复仁，为人十分老实，家里很穷，但朱元璋对他仍不放心。有一天朱元璋跑去他家里看。罗复仁买不起好房子，只能在郊区买间破房子度日。朱元璋东拐西拐，终于找到了地方，见两间破瓦房外，有一个人正提着桶刷墙。朱元璋见此人灰头土脸，粉迹满面，以为是给罗复仁干活儿的民工，便问他："罗复仁住在这里吗？"

没想到，刷墙的这位听到有人问他，回头一看，大惊失色，慌忙跑过来跪拜，说道："我就是罗复仁！"

朱元璋这才看清他的脸，原来这个人真是罗复仁，再看他的打扮，一手拿着刷子，一手提着桶，衣衫褴褛，和叫花子没什么区别，顿时哭笑不得。朱元璋半天才憋出一句话："你怎么住这样的房子？"

罗复仁赔着笑说："臣家穷，只能将就了。"

在六部中，以吏部的地位最为重要。吏部尚书吴琳为官清廉，后退休回家，朱元璋派使者去打探他的近况。使者到吴琳家乡，考虑到他当过大官，应该有很大的房子，便去寻找，但转了一圈，没有见到什么大房子。使者便在路边找到一个正在插秧的老农，问道："请问吴尚书住在哪里啊？"谁知那老农抬头对他说："我就是吴琳。有什么事？"

当官的还要迎来送往，逢年过节到处走动，俸禄是远远不够的。可是就连这点俸禄也打了折扣。洪武年间，一到发工资的时候，县官就找人提着米袋去拿自己的工资，七点五石米，还算是按时发放，到成祖时候，就只能领到俸禄的十分之六，其余的部分发纸币。明朝初期，纸币通行全国，按说给纸币也没什么，但我们接着往下看就会发现问题了。成祖时，十贯钞可以换一石米，到了仁宗时，二十五贯钞才能换一石米。于是种种捞钱新花样纷纷出炉。官员们主要用的是两招：第一招是折色火耗。大家可能听说过火耗这个词。当时交赋税往往是实物，如谷物、丝织物等，但有时也会改征银两和铜钱，而熔锻碎银时可能会有损耗，官府就用这个名义来征收多余的银两，这些多征的赋税就称为火耗。其实到底有没有损耗，也只有官府自己知道，这不过是一个多收钱的借口。

这一招是官府说了算，要征多少自己规定。

另一招叫作淋尖踢斛。这十分值得一提。百姓交纳粮食的时候，官府是用斛来装的，百姓将粮食放进斛里，再称重，计算自己完成的粮食份额。谷堆要按尖堆形装起来，会有一部分超出斛壁，就在百姓为交完公粮松一口气时，意外的事情发生了。官吏用迅雷不及掩耳之势对准斛猛踹一脚！此时超出斛壁的部分谷粒会倒在地上，老百姓慌忙去捡，此时官吏会大声叫喊："别捡，那是损耗！"这就是淋尖踢斛，踢出的部分就是所谓粮食运输中的损耗，这部分就成为官吏的合法收入。那么老百姓呢，只能回家再送粮食来。这一招最关键的就是踹斛这个动作。在交粮这一天，官吏们准备好，一旦斛已经装满，便拼命一踹。

所以海瑞很穷，一年只买一次肉，就是在他母亲过生日的时候。他最后的官职是南京右都御史，这是个二品官，相当于监察部部长，可以说是文官中俸禄最高的人之一了。但他家里请不起几个仆人，什么事情都要自己动手，吃得也不好，长期营养不良。他死后，佥都御史王用汲来处理后事，一进门看见海瑞的家便痛哭失声。他想不到海瑞临死竟然如此凄惨，家里到处吊着旧布帘子，用的箱子破烂不堪，家里人都穿着补丁衣服：用家徒四壁来形容毫不过分。更让他难以置信的是，海瑞家连办丧事的钱都拿不出来，棺材也买不起，出殡的钱还是大家凑起来的。

海瑞到了三四十岁，还跟母亲睡在一个屋里。而且，一旦他的老婆跟母亲有矛盾，他就无条件地休妻。前面有两个老婆因此被休掉了，到了第三个老婆，她和海瑞当时的一个小妾在一个月内接连暴亡。有官员曾经就此事上本弹劾海瑞，说这两个人是被海瑞逼死的。虽然海瑞申辩说小妾是上吊自杀，而老婆是暴病身亡的，但当时人都认为这和海瑞的恋母情结有关。

海瑞不仅对老婆这样，对孩子也这样极端。

有一次海瑞发现自己五岁的小女儿在啃一个烧饼，就很奇怪，问哪里来的，女儿回答说是家里的仆人张三给的。

海瑞一听，勃然大怒，说："女子岂容漫受僮饵，非吾女也，能即饿死，方称吾女。"

那意思就是说张三是个男仆，你一个女孩子怎么能从男人手里拿东西吃呢？男女授受不亲，你要是我海瑞的女儿，就应该去饿死，这样才能洗刷你作为一个女人的耻辱！

据说这个女儿听了这话之后，绝食七日而死。

在隆庆朝，海瑞就因为与高拱不合，也因为跟同事的关系比较恶劣，最后被停职闲用了。

张居正当了首辅之后，让每一个三品以上的大臣都向朝廷推荐人才，其中有不少人写信推荐海瑞。当时的吏部尚书杨博就这个问题还专门找了张居正，希望张居正起用海瑞，但张居正虽然不断当众说海瑞是个好人，可就是不用他。为什么呢？张居正觉得海瑞是一个很好的人，做人没有话说，道德、自律都很好，但好人不一定是好官。好官的标准是上让朝廷放心，下让苍生有福。海瑞做官有原则，但没器量；有操守，但缺乏灵活性，因此有政德而无政绩。这一点，张居正看得很清楚。张居正不用海瑞，还有一层原因：海瑞清名很高，如果起用，就得给他很高的职位，比他过去的职位还高，这才叫重用；如果比过去的职位低，那就证明张居正不尊重人才。话又说回来，如果给他更高的职位，他依然坚持他的那一套搞法，岂不又要贻误一方？张居正想来想去，最后决定不用海瑞。

张居正在给海瑞的亲笔信里说："三尺之法不行于吴久矣。公骤而矫以绳墨，宜其不堪也。讹言沸腾，听者惶惑。仆谬忝钧轴，得参与庙堂之末议，而不能为朝廷奖奉法之臣，摧浮淫之议，有深愧焉。"意思给你官做可以，但以后一定要改变自己为官的方式方法。

张居正死后，吏部拟用海瑞为左通政。万历皇帝向来器重海瑞的名望，给他以前职，召为南京右佥都御史，在道上改为南京吏部右侍郎。在任上，海瑞多次上疏言衰老垂死，愿意效仿古人尸谏。其意思是想力主严惩贪官污吏，禁止徇私受贿，并劝皇上采取酷刑惩治天下贪官："陛下励精图治，而治平教化不至的原因，在于对贪官污吏刑罚太轻。诸臣都不能说到其原因，反而借待士有礼的说法，大家交口而文其非。待士有礼，而平民百姓则有什么罪呢？"他举明太祖时期剥人皮装上草制成皮囊的说法，来说明现在的法律过于仁慈。意思是只有皇帝用暴虐刑法，才能天下太平。皇帝认为海瑞言论有过失，不予采纳。

此时，有人弹劾海瑞的上疏是错误的，治国应该按照儒家思想。御史梅鹍祚就是其中之一。尽管皇帝认为海瑞言语有过失，但也很清楚终究他是忠诚的，因此继续将他留任。海瑞也多次上疏请求退休，皇帝下诏慰留，不允许。直到万历十五年（1587），海瑞死于任上。海瑞再次上任后的做法，说明张居正坚持不用海瑞是正确的。就海瑞的执政方式而言，很难取得一方太平。

才位匹配

张居正有一同年叫汪伯昆，安徽人，和另一位同年王士祯一起成为当时诗坛两大领袖。汪伯昆在湖北当了几年巡抚。张居正当了首辅后，把他调到北京当兵部左侍郎，也就是国防部副部长。汪伯昆履任之后，张居正给了他一个任务——巡视整个西北的军事设施，也就是北京、蓟辽、陕西、山西这一带。汪伯昆的巡边之旅，第一站就是蓟辽。当时的蓟辽总兵是大名鼎鼎的戚继光。汪伯昆到了之后，首先不是听汇报、探讨军事问题，而是和当地的文人在一起吟诗作赋。张居正听到这个消息后有点不满。

汪伯昆回到北京，给皇上写了一份奏章，汇报自己视察边境军事的情况，字斟句酌，是一篇非常优美的散文。张居正看了奏章以后，批了八个字："芝兰当道，不得不除。"兰花芝草，都是最好的花草，但它长得不是地方，长在高速路上，路是车走的，不是花园。芝兰既然长错了地方，就得铲掉。你汪伯昆是优秀的诗人，就到诗歌协会去，军部是搞军事的地方，不是你吟诗的地方。就这样，张居正把汪伯昆免了官。

第二十六章
暗流涌动

弹劾风波

张居正自执政后，与太后、冯保相安无事，小皇帝更是在其卵翼之下。在没有权力制衡之后，人性中恶的一面也十分易于滋长。张居正素有刚愎自用的特点，此时就更为独断专行。这也引起了一些言官的不满。从万历三年（1575）起，弹劾张居正的风波便先后不绝。

万历三年五月，南京户科给事中余懋学，上疏议事，批评考成法太过苛刻，并暗讽张居正是阿谀之臣。张居正看了奏疏，大怒。随后万历帝下诏，给余懋学扣了一顶"此必是受了富豪贿赂"的帽子，予以革职，永不叙用。

河南道侍御史傅应祯上疏，讽谏万历失德，实际是暗指张居正误国。他提出，王安石曾以"三不足"误宋神宗，皇上可千万不要自误。他还为余懋学喊冤，认为一个言官以忠言上谏，竟然终身不用，"远近臣民不悟，遂谓朝廷讳直言如此，其逐谏官又如此。相与思，相感叹，凡事有关于朝政者，皆畏缩不敢陈矣"。

傅应祯这下可惹火了万历，要动用廷杖伺候。张居正则表示反对，说圣旨一下，人心自当畏惧，就无人再敢于妄言了，劝皇上还是"行仁行义"。于是万历皇帝亲笔批示"着锦衣卫拿送镇抚司好生打着问了来说"，傅应祯被打成重伤，第二年被发配浙江定海充军。

御史李祯、乔岩毅然前往监牢探望傅应祯。两人均被锦衣卫告密，被贬官。

巡按辽东御史刘台，字子畏，江西安福人，隆庆五年（1571）的进士。张居正不但是他的会试主考、廷试读卷官，还曾举荐他当了巡按辽东御史。就在傅应祯被发往浙江一个月后，万历四年（1576）正月二十三日，刘台上了一道著名的《恳乞圣明节收辅臣权势疏》，不再拐弯抹角，而是直呼其名，谴责“大学士张居正作威作福，蔑祖宗法”。其言辞激烈，且条分缕析，把张居正执政以来的专横与不检点之处大加鞭挞。

自万历二年（1574）以来，倒张的力量就在积蓄。一部分言官因张居正弹压言路，产生愤恨，连他的功绩也一概抹杀。他们倒不一定是自身利益在改革中受损，但其言行却代表了一批反对改革的朝官。

次日，张居正依惯例递交了《被言乞休疏》，要求辞职，并在家等候处理。在递交辞呈时，张居正曾伏地痛哭。万历皇帝见恩师、股肱之臣这般委屈，慌忙将张居正扶起，说：“先生起，朕当逮刘台入狱，以谢先生。”在万历皇帝一再相劝之下，张居正暂时收起辞呈，回家去了。

二十五日，张居正再次上疏乞休。他说：“现在诸事未安，臣岂敢言去？但臣乃不得已也！臣所处之者，实乃危地也。”

万历皇帝当然不可能让张居正真的走，遂再次劝慰他。张居正跪在地上就是不肯起来，继续说道：“我所做的事都是代表皇上，所说的话都代表皇上。可这些人诬陷我事事作威，事事作福。虽然皇上圣明，不可能听他们的，但谗言日日喧哗于耳，不能让臣背负恶名，所以望皇上特赐罢归，以消除议论。皇上还是再选个德才兼备的人来担大任吧。”

万历皇帝是个优柔寡断的人，而且也觉得刘台的话也不是全无道理，有一个能制衡张居正的人也不错。但张居正还是想就此扳倒刘台，因此“逼迫”万历皇帝马上下逮捕令。

另有阁臣张四维、吏部尚书张瀚，因刘台的“檄文”里将他们作为张居正提拔的私人，视为张居正的心腹，两人觉得脸上无光，也依例上疏要求辞职。万历皇帝同样没有批准。张居正仍待在家里不肯出来视事。

万历皇帝见三个辅助大臣同时施加压力，慌了神。在母亲李太后的提醒下，万历皇帝下决心让刘台当这个替罪羊。二十六日，万历皇帝派司礼监太监孙隆带着亲笔手敕和一些礼物去张府慰问，张居正才勉强出来上班。

几天后，刘台被从辽东械送京师，一路戴着枷锁押送过来，被打入诏狱。镇抚司审讯之后，拟了“廷杖、遣戍”上报。张居正虽然内心恨刘台入骨，但还是上疏请免用廷杖。最后刘台被削职为民，还归故里。张居正此后又派人去辽东及江西安福，追查刘台的所谓“贪赃枉法”旧事，企图加刘台以重罪。后来刘台果然因罪被遣戍广西浔州（现桂平市）。监督改造两年后，在戍所被诬再次入狱，受酷刑而死。

万历四年（1576），张居正以一品九年考满，在朝中的势力进一步扩展，再次升职，加左柱国，升太傅，官居一品。万历五年（1577），张居正的次子张嗣修会试高中进士及第，皇上特地照顾下诏为尚宝司丞、锦衣卫正千户。

左柱国，明文勋官名，属正一品，是明朝的极品勋爵。整个明朝历史上官居此位的寥寥无几，分别是洪武三年的李善长、徐达，正德年间刘健、李东阳、杨廷和、梁储、杨一清、申时行。太傅，皇帝的辅佐大臣与老师，位列三公，正一品位。

极度风光

张居正所做的贡献不必多言，仅仅从官职的分封上，就可以看出万历皇帝对其是何等器重和依赖。终明一朝，生前得晋太师之位的，阁臣中张居正是第一人；既晋太傅又晋太师者，唯张居正一人而已。

其实，最令张居正兴奋的还不止如此，而是万历五年儿子张嗣修会试高中，被钦定为一甲第二名进士及第，同时授予官职；万历八年（1580）他的大儿子张敬修、三儿子张懋修同为进士，而且张懋修为第一名状元。

当时，民间传言，张居正的几个儿子并没有真才实学，都是张居正暗中操作，并利用在朝中的影响力为儿子上下打点，才有如此大的成就。理由是，万历五年这年的考题是张居正亲自拟定的，同时他也是主考官。按照规定，儿子参加大考，作为主考官的张居正应该回避。

可万历皇帝对自己的老师十分信任，特别恩准张居正不必回避。“人谓乃父手撰策问，因以进呈”，如今儿子考取第二名，泄题的嫌疑怎么也洗脱不掉啊。这件事情多系当时人们的“臆测”，我们不妨也“毫无根据”地推理一番。

当时，与张嗣修同时参考的还有大才子沈懋学——状元。其时很多人认为状元这顶桂冠非张嗣修莫属。当张榜公布时，状元却意外的是沈懋学，张嗣修名列第二。如果真有内幕，张居正何不好事做到底，将状元直接点给张嗣修？

为了儿子，张居正可谓是绞尽脑汁，到处为他寻访名师。本来张居正有意请已经闻名天下的戏剧家汤显祖为师，但汤显祖婉言谢绝了。

后来张嗣修从师于颇负学名的沈懋学，即与张嗣修一起参加科考的当期状元，三年后，师生二人金榜题名。

夺情风波

张居正的父亲张文明却在万历五年（1577）九月十三日因病突然去世!

张居正立即面临一个重大的问题。按照大明的祖制，官员的祖父母或者嫡亲父母丧，要解职回乡守制三年，此谓“丁忧”。从闻丧之日起，不计闰月共二十七个月，期满才可以回来上班，谓之“起复”。

但先朝也有特例。宣德元年（1426）的金幼孜、宣德四年（1429）的杨溥、成化二年（1466）的李贤，这三位大学士，都曾因丧由皇上特批立即起复，穿素服办公，不用离职回家守孝。这就是非常罕见的“夺情”。

由于夺情不符合典制，所以从正统十二年（1447）起，有明令，所有官员丁忧通通要回家，一律不准夺情。

闻讣的次日，内阁的另两位辅臣吕调阳、张四维奏请，引用先朝杨溥等夺情旧例，请求皇上准许张居正夺情，继续任职。

几乎是同时又有御史曾士楚、吏科给事中陈三谟上疏请留首辅。南北各院部官员也纷纷跟进，大力吁请挽留，一时形成所谓“保留”风潮。

万历皇帝一开始只是例行公事，下诏表示慰问了张居正，并未提及“保留”。

到了十月上旬，万历皇帝才醒悟过来，自己哪里离得开张先生？于是万历皇帝公开表态支持夺情，宣谕吏部，准张居正过了“七七”丧期之后，便照旧入阁办事；同时又赐张居正办丧事的香烛等用品数以百计。

冯保也不愿意这位最大的政治同盟者离开。在闻讣之后，冯保马上就和张居正进行过密谋。夺情倡议一起，冯保立作呼应。二更天时，诸臣的“保留”疏从宫门递进，天不亮居然挽留特旨就从宫中传出来了，不可谓不快！

张居正的亲信、户部侍郎李幼滋最先意识到问题的举足轻重，索性捅开窗户纸，建议张居正夺情以保住权力。

按照旧例，在内阁办公室，首辅去职三天后，次辅就搬到原来首辅的位子上去坐，并接受同僚与下属穿红衣拜见。吕调阳是次辅，此次虽然没有迁座位，但坦然接受僚属拜见。

张居正已经感到很恐慌，可是事情还在争论。即使在张居正的阵营里，也有不少人建议张居正还是顺应舆论，丁忧为好。张居正的门客、贡生宋尧愈，蓟镇总兵戚继光，原大理寺卿陆光祖等，都劝张居正回乡。戚继光甚至提出可以让徐阶回来再做一段时间的首辅，反正徐老年纪大了，不可能久居其位，三年后把权还回来就是了。

李幼滋则坚决反对这种看法，斥之为“宋儒头巾迂论”。他认为张首一走，形势如何变化，根本就无法掌控。眼下百事待举，执宰岂可一走了之？

张居正此时进退两难，与冯保商量了之后，认为还是夺情最为稳妥。

吏部尚书张瀚是由张居正一手提拔上来的，平时唯张居正马首是瞻。冯保传出中旨（皇帝直接下诏），要张瀚带头倡议夺情。张居正在请归的同时，也跟张瀚吹风，让他赞同皇帝的挽留。张瀚故作不解，说：“元辅奔丧，那是应给予特殊恩典的，但这是礼部的事，与吏部何干？”张居正几次派出说客晓以利害，张瀚就是不为所动。张居正大不悦，于是拟旨切责张瀚，说张瀚是“奉谕不复，无人臣礼”。当时，廷臣们个个惊恐，都纷纷附和“保留”之议。张瀚拊膺叹息道：“三纲沦矣！”张居正益怒，指使言官弹劾这个“叛徒”。结果十月十一日，突然有诏，勒令张瀚致仕，吏部全体官员罚俸半年。

为了对舆论有个交代，从九月起，张居正就按照惯例接连上疏，表示要回乡守制。但是，他的奏本里却另有文章。他说："臣闻受非常之恩者，宜有非常之报。夫非常者，非常理所能拘也。"然后他又说自己哪怕粉身碎骨也不能报答皇恩于万一，"又何暇顾旁人之非议，徇匹夫之小节，而拘于常理之内乎"！

万历皇帝与张居正又玩起了双簧：一个坚决走，一个非要留。连续三次上疏后，张居正便不再坚持要回乡，而于十月十三日提出了"在官守制"的折中方案。万历皇帝让司礼监的太监魏朝随张居正的儿子回江陵奔丧。张居正提出过了"七七"之后，自己不随朝议事，不参加朝廷庆典，只赴阁办公，并且不穿红色官服。

张居正为表示孝心，还提出守制期间，不领工资。万历皇帝就特批每月由有关衙门给张家送油盐柴米聊补困境。最荒唐的是，万历皇帝还让光禄寺每天送去酒饭一桌。

反对夺情的官员立刻发起攻击，且来势凶猛，这是万历和张居正事前绝对想不到的。

十月十八日，也就是张居正提出"在官守制"的五天后，吴中行首先向老师张居正发难。他的奏疏写得相当煽情，从人伦大义上对张居正施压。他说：元辅昼夜为公操劳，父子相别十九年。这期间，儿子的身体由壮而强，由强变衰，父亲由衰成头白，由头白成苍老，音容相隔开。现在父亲逝于千里之外，却不得临穴一哭，情何以堪！

吴中行很坦然，把奏疏递上后，又把副本给了张居正一份，表示此举是出于公心。次日，赵用贤也上疏，用语极其刁钻，建议张居正赶快丁忧，过段时间再由皇上开恩召回，此为上策。

第三天，艾穆和沈思孝联名上疏说：张居正若留下，那就是厚颜就列，遇到国家大典，是参加还是不参加？不参加吧，于君臣大义不合；参加吧，于父子至情不合。到那时不知陛下何以处张居正，而张居正又何以自处？

他们还公开指责张居正夺情违反道德，"位极人臣，反不修匹夫常节"，说他擅权无异于"宰相天子"，说他行为有类商鞅和王安石，道德和才学却远不如，说他是"愎谏误国，媚阉欺君"……

张居正决定，对他们几个人进行廷杖和充军。礼部尚书马自强知道事情要闹大了，忧心忡忡，亲自出面为吴中行等人疏通，遭到拒绝。翰林院掌院学士（院长）王锡爵，邀集了翰林院赵志皋、张位、于慎行、张一桂等数十位官员求见张居正，要个说法。张居正避而不见。

王锡爵一不做，二不休，自己去了张府，闯进灵堂，见到了张居正，当面激烈指责他。

张居正无言以对，取出墙上的剑，跪在王锡爵面前，边哭边拜："皇上要留我，而诸位要逐我，我怎么办？怎么办？要杀我吗？"

翰林院的侍讲赵志皋、张位、于慎行、李长春、田一儁和修撰孔教、沈懋学等人，也上疏阻止张居正"夺情"的事情。张居正对吴中行等"门生造反"的行为尤为愤恨，暗中已经有话给锦衣卫，将几人往死里打。

然而，张居正这次采用的强硬手段，效果并不佳，反对意见仍未压制住。

十月二十四日，观政进士邹元标在四人受刑后毅然上疏，对张居正的人品、执政作风全盘否定，要求立即罢免张居正。邹元标也受到八十廷杖，发配极边卫所充军。而张居正在士人中的威望却急剧下降。

在这之后，布衣韩万言、南京浙江道御史朱鸿谟先后上疏为吴中行等人鸣冤，皆被严厉处置。翰林院侍讲张位、赵志皋等人也因论救吴中行相继被贬谪。又有芜湖生员王律托名海瑞，写了一篇声讨张居正的疏文。后南京操江都御史胡槚为巴结张居正，命太平府同知龙宗武予以严查王律。龙宗武将王律逮捕，严刑拷打，逼迫王律把无辜的吴仕期牵连进来，两案合并为一。案件审结后，龙宗武上报给张居正，张居正暗示他杀了王律。龙宗武便将吴仕期下狱，故意不给他饭吃。吴仕期饿极，将衣服里的棉絮吃尽，仍未死。龙宗武则命人以沙囊堵其口毙之，后王律也被虐待至死。

众人的反对，尤其是门生的背叛，让张居正更加一意孤行。有人对此评价张居正为贪恋权力。其实权力只是一把双刃剑，关键是如何使用。为了有效改革，张居正必须拥有权力，所以从这点讲，无可厚非，但致命的地方是他没有看到权力在带来荣誉背后埋藏的灾难。

从刘台发难到夺情风波，张居正失去了往日的稳重。《国朝献征录》

说他“志意渐恍惚”。面对异己力量，张居正不再企图以德服人，而是“思以威权劫之，益无所顾忌”。《明史》也说他从此“闻谤而不知惧，愤戾怨毒，务快己意”。

张居正的死穴

人无完人，张居正在政治上纵然取得了巨大成就，但他的死穴在于“徇私情”。在他执政晚期，这个问题一直被人诟病，表现最突出的就是他无底线地纵容自己的同乡、家人、家仆和亲信。

刘珠是张居正的荆州同乡，与其老爹张文明的同年诸生，典型的老学究，热衷于权力却久无功名。隆庆五年（1571），张居正主持会试，刘老学究此时已六十六岁，破天荒地高中进士。刘珠就把这头功记在这个小老乡身上，一心想找个机会好好报答一下张居正。

万历二年（1574），机会来了，张居正过五十大寿，刘珠前来祝贺，并特地撰写了一副对联：“欲知座主山齐寿，但看门生雪满头。”很明显，这是拍马屁，也难为刘珠的马屁拍得这么响亮，对此，张居正乐呵呵地笑纳。

张居正为亲属谋私，或者纵容奴仆，令很多官员和百姓大为不满。张居正有六子，依次为敬修、嗣修、懋修、简修、允修和静修。他对前三子寄予厚望，一心希望他们走仕途，在培养方向上就是科举。这三子也没令他失望，最后都金榜题名，其中懋修才学最高，为万历八年（1580）的状元。

正是这样，张居正戴上了“徇私”的帽子，况且他做得也过于明显。

万历二年（1574），张居正的长子张敬修会试落第，考官也没有买张居正的面子，给予张敬修名次。张居正为此很恼恨，竟决定当年不选庶吉士，对此世人曾有不少议论。

万历五年（1577），次子张嗣修进京参加会试，中二甲一名。万历皇帝经李太后授意随即将张嗣修的名次改成一甲二名，并当即加封其官职。当时这也引起了一场轩然大波，因为张居正的确动用了特权。因为大明法律明确规定，大臣在建功或考满后可以“荫子”。“文荫”，即让一个儿子进国子监读书，毕业后任尚宝司丞、尚宝司卿。很多人开始议论，张嗣修是不是因此而得一甲二名？不管张居正是不是有私情，还是动用了自己的权力，都无法堵住众人的悠悠之口。

万历八年（1580），三子张懋修终于及第，且中了一甲一名，状元是也；同时，两次落榜的张敬修也中了进士。一门两中，天下大哗。张居正为子弟上进，朝中权贵纷纷效仿，带坏了科场风气。

此后，张四维、申时行、吏部尚书王国光、侍郎王篆的儿子也都陆续科场得意。从这点讲，张居正确实没有树立一个好的榜样。此外，张居正的家奴也没给他争气。游七是张居正的心腹家奴，相当会看脸色行事。张居正任首辅后，游七与宫中的小太监、朝中的言官都有交情，相互称兄道弟，遭到了朝廷不少人非议。

在与人结交上，张居正与凡夫俗子无异，主持内阁的每个成员都是精心筛选的。然而，这些人要么是柔顺听命的仆人，要么是善于曲意逢迎的小人。

第二十七章
危机四伏

“快意”清洗

万历五年（1577）十一月初一，当夺情风波尚余尾声时，张居正就对官员队伍开始了“快意”的清洗。他以应对“星变”为理由，建议万历皇帝下诏京察。半个月后，吏部宣布查处五十一名官员，都是反对夺情一派的。南京操江都御史张岳，才名本来极高，只因反对夺情而以“才力不及”降调。

张居正对拥护夺情一派则尽力提拔。南京吏部尚书潘晟官声素不佳，因为支持夺情“立场坚定”，反而被擢升。张居正执政时的内阁组成，都是经过他精心筛选的，多是柔顺听命的“仆从”。万历皇帝给张四维的任命，甚至只是跟随张居正在内阁办事，形同秘书。

即便这样一个内阁，也并非与张居正同心同德。在高拱被逐后首先入阁的吕调阳，为人谨慎，凡事模棱两可。张居正始终不大看好吕调阳的能力，吕调阳内心也未见得服气张居正的一些做法。吕调阳入阁六年，无所作为，在阁办公时常怏怏不乐，仰望屋顶叹息而已。至万历六年（1578）中，吕调阳坚决上疏请辞，负气走了。

次辅张四维（1526—1585），字子维，号凤磐，蒲州风陵乡（今属山西芮城）人，嘉靖三十二年（1553）进士，授编修。张四维久守边陲，善谈兵事，熟悉边防事务。隆庆年间，他因促成与俺答议和而为内阁首辅高拱器重，历任翰林院学士、吏部左侍郎。

万历二年（1574）春，万历皇帝诏称病回家的张四维以原官——吏部侍郎兼学士，仍掌管詹事府事，充任《世庙实录》副总裁。

当时，正值张居正大力推行“一条鞭法”的关键时期，面对全国一片反对之声，他需要一个手腕强硬之人去执行。此时，他看中了张四维。

张四维因常居边陲，做事雷厉风行，与一般的文人不同，而且极力支持改革。因此，张居正向万历皇帝提议，安排张四维进内阁。在执行“一条鞭法”中，张四维果然力度大，“得盗即斩”，使“一条鞭法”赋税制度得以顺利执行。从此之后，张居正对他欣赏有加。张居正欣赏的是他的做事风格，与自己的铁腕政策颇为相投，但他能力有限，无法独当一面。

张四维有时做事仍不免不合张居正的意，累遭训斥，也常感极度郁闷。张居正对他亦逐渐产生反感。张四维曾经一度与冯保关系密切，张居正得知，予以呵斥，不准他擅自结交冯保。张四维心里越发怨恨，逐渐对张居正产生反抗情绪。张居正病逝后，张四维在加害、诬陷张居正家人上出了不少力。

吕调阳之后，马自强入阁。马自强有才华，有雄心，但他命中没有官运，只在万历六年（1578）干了几个月，就病逝了。马自强入阁任职虽然短，却不像其他阁僚那样对张居正只是唯唯。对张居正的不当做法，总是力图有所纠正，曰：“吾不能令千秋后居伴食之名。”

在马自强后入阁的是申时行，内阁在位时间极长，前后共计十三年。申时行老奸巨猾，见风使舵，与张居正也是离心离德。张居正得意时，他一味阿附；张居正一死，他就立刻迎合万历皇帝之意，将张居正实施的所有改革措施全部停掉，并配合万历皇帝对张居正实施加害。

万历六年（1578）二月二十九日，万历皇帝大婚礼毕，张居正认为万事妥当，便递上《乞归葬疏》，要请假回乡葬父。万历皇帝开始并不同意，后经张居正再次上疏，才予以批准，并令张居正于五月就要回来，并且把老母亲一起接到北京来。

万历皇帝还特意叮嘱张居正道：“长途保重，到家少要过恸，以朕为念，方是大孝。”万历皇帝又援前朝杨士奇、张璁例，赐给了张居正“帝赉忠良”银印一枚，嘱他如在途中发现朝政有问题，可随时密封奏报。

回乡葬父

按照惯例，首辅因故离职，次辅可相机主政，但万历皇帝给内阁发了一个帖子，说“有大事毋得专决，驰驿之江陵，听张先生处分”。吕调阳知道小皇帝这是信不过自己，郁闷之极。张居正走后，恰逢辽东有所谓长定堡大捷奏报，万历皇帝将之归功于张居正，遂甩开内阁，派太监使者快马至江陵，请张居正亲自制定封赏条理。

这次张居正的还乡团的阵容极为壮观，兵部特派一千骑禁军作为随从。除了千骑虎贲之师外，戚继光还从蓟镇前线调来一队鸟铳手，执新式火器随行，以壮行色。张居正最后考虑还是不要太过张扬，只留下了六名鸟铳手。

张居正所乘坐的轿子，是为此行特制的大轿，须三十二名轿夫抬扛。轿子前部是会客室，后部是卧室，外部有走廊相通。两名小童在轿上随时伺候，焚香摇扇。

张居正所过州县，都由地方当局呈献美食，且驱使民夫将道路平整，两旁罗列兵器，气势极盛。真定（今河北正定县）知府钱普一向善于媚上，此次特地找来了一大批江南厨师随队伺候，据说江南名厨因而被他搜罗一空。

四月十六日，葬礼隆重举行。张文明的棺木被安葬在荆州西门外的太晖山。这是万历皇帝敕赐给张家的一块坟地，与已故湘献王朱柏的王陵毗邻。皇帝特地派司礼监太监魏朝和工部主事徐应聘负责丧葬事宜，礼部主事曹诰专程前来谕祭，尚宝司少卿郑钦、锦衣卫指挥佥事史继书负责一路护送。湖广巡抚陈瑞等一大批地方官员也来参加张文明的葬礼。葬礼完毕后，张居正怕老母在路上受不了炎热之苦，就上疏请求推迟归期，拟在九月天凉之后，再行返京。万历皇帝哪里肯依，发动内阁部院各级官员上疏催请，他本人也下圣旨，让太监魏朝留在江陵照顾张母，令张居正务必于五月以内回来；又差遣锦衣卫指挥佥事翟汝敬星夜赶往江陵，负责催促。张居正只得于五月二十一日起程返回。

奇怪为人

在回家及返回京城时，张居正都顺路看望了高拱。其实张居正与高拱的关系十分微妙。张居正联手冯保排挤高拱，可是又让公车为他送行，然后与冯保一度想把他往死里整，此时又去看望他。这正是张居正为人奇怪之处。

他对人的行为一直如此奇怪：在严嵩与徐阶互掐时，两人都是他的老师，他和两人都亲近，不分敌友；徐阶与高拱互掐时，一个老师，一个同事，他也没什么反应；严嵩辞职回家后，他还提出一些优待条件，甚至安排严嵩死后的葬礼；高拱打击徐阶，他为徐阶说情，后来还为徐阶翻案。其实徐阶不往死里打击严嵩还有一个重要原因：为了迷惑严嵩，徐阶把孙女嫁给严嵩的孙子，算亲家，所以张居正施援手也可以理解。

诟病之处

在亲近小人方面，张首辅与凡夫俗子无异。有人送给张居正一副对联："上相太师一德辅三朝，功光日月；状元榜眼二难登两第，学冠天人。"上联说的是张居正辅佐嘉靖、隆庆、万历三代皇帝，下联说的是他两个儿子分别得中状元、榜眼。张居正辅三朝显然是夸大，儿子的荣耀也大有问题，至于"日月、天人"就更离谱了。但这样肉麻的吹捧，张居正也能欣然接受，悬于家之厅堂。

在张居正执政晚期，被人诟病的还有一个问题，就是为亲属谋私与纵容奴仆。

万历初年，小皇帝还是一个孩子，受"大伴"冯保、李太后、张居正的管束。但是在万历皇帝大婚以后，权力结构有所变化。李太后按祖制要退出乾清宫，不能再干政。万历六年（1578）二月，皇帝大婚后，万历皇帝性格中贪财好色、怠惰嬉游的一面有所爆发，而张居正也对是否能把万历皇帝培养成一代圣君逐渐失去了信心。婚后第四天，万历皇帝便首次下了求财诏书，要户部和光禄寺各拿十万两来给自己用。尝到甜头后，万历皇帝趁张居正回乡葬父，又要一部一寺上贡银钱。

第二十八章
巨人陨落

张居正乞休

万历八年（1580）三月，万历皇帝到天寿山举行谒陵礼，这是小皇帝成人仪式中的最后一项。此礼行毕，就标志着万历皇帝可以亲政了。随驾谒陵时，张居正偶感风寒，回来后在家中调理。几天后，他上了一道《归政乞休疏》，正式提出要退休了。他回顾了自隆庆六年（1572）受顾命以来的经历，表示了如释重负的心情，请万历“赐臣骸骨生还故乡，庶臣节得以终全”。万历皇帝此时还没有做好亲政的思想准备，对张居正乞休的要求甚感突然，于是很快下诏挽留。张居正上疏再辞，意甚恳切，说自己“神敝于思虑之烦，力疲于担负之重”。张居正还提出，可否请长假数年以调养身体，这中间如果国家有事，自己旦夕可以就道，随时应召。

万历皇帝同意张居正的请辞，李太后却拒绝了。重回内阁办公后，张居正有意放手让万历皇帝亲自处理一些政务。万历皇帝也表现出了一定程度的主见，对地方官员在公务上的敷衍都看得出来，并穷究到底。万历九年（1581）入夏以来，张居正觉得精神委顿，睡眠与食欲也都不佳，一连数月，不得安宁。到七月，张居正终于挺不住了，病倒在家，不能办公。

于是张居正上疏说：“臣自入夏以来，因体弱过劳，内伤气血，外冒盛暑，以致积热伏于肠胃，流为下部热症，又多服凉药，反令脾胃受伤，饮食减少，四肢无力，立秋以后，转更增剧。自以身当重任，一向勉强支持，又恐惊动圣心，未敢具奏调理，乃蒙宸衷曲轸，特遣御医诊视，传奉温纶，饮以良剂。念臣狗马微躯，不自爱慎，以上贻君父之忧，沐此鸿恩，捐糜难报。但臣自察病原，似非药饵能疗，惟澄心息虑，谢事静摄，庶或可痊，仍乞圣慈垂悯，特赐旬月假限，暂解阁务，俾得专意调理。倘获就痊，臣即勉赴供职，不敢久旷，臣不胜感激恳祈之至。”

万历皇帝得疏以后，一面派文书官太监孙斌到张居正私宅视疾，并赐鲜猪一口，鲜羊一腔，甜酱瓜、茄、白米二石，酒十瓶，一面又下圣旨，“宜慎加调摄，不妨兼理阁务，痊可即出，副朕眷怀”。所谓“不妨兼理阁务”，指在宅办公而言，张居正这一次小病，固是如此，后来大病的时候，还是如此。直到张居正几近昏迷的当中，也始终没有退出权力中心。

张居正病势稍退，皇上的手谕到了：“谕张少师：朕数日不见先生，闻调理将痊可，兹赐银八十两、蟒衣一袭，用示眷念，先生其钦承之。月初新凉，可进阁矣。”

张居正复疏自言：“仰惟天光荐被，宸眷郅隆，非臣捐躯陨首，所能报答，亦非敝楮殚毫，所能宣谢，惟有镂之肺腑，传之子孙，期世为犬马，图效驱驰而已。”

经过几天调摄以后，张居正还没有销假，万历皇帝再派文书官邱得用视疾，促其进见，又赐银八宝四十两，甜食、干点心各一盒。张居正续假五六日，又说：“臣养疴旅邸，倏已再旬，虽违远天颜，旷离官守，而犬马依恋之心，无时无刻，不在皇上左右。”

张居正病重

万历皇帝马上派了四名御医前去诊疗。张居正在上疏谢恩时，趁机提出了请长假的要求。据张居正自述，自己的病是“因体弱过劳，内伤气血，外感暑热，以致积热伏于肠胃，流为下部热症”。万历皇帝对情况的严重性估计不足，让他一面疗养，一面在家处理公务。万历皇帝几次派文书官前去探视张居正，带了不少赏赐去。到八月中，张居正慢慢痊愈了。君臣一个月未见，两人都很高兴，马上谈起了具体的事务。这一年十一月，张居正十二年考满，万历皇帝对他大加褒奖，加封柱国、太傅等勋荫。转过年，也就是万历十年（1582）二月，张居正再次病倒。

他上疏说："臣闾巷韦布之士耳，非有硕德鸿才，可以庶几古人之万一。幸逢英主在上，臣得以谫劣，佐下风，效启沃，十年之间，志同道合，言听计从，主德昭宣，圣化旁洽，伊尹之所愿见者，臣亲见之，其所愧耻者，臣幸无之，即千万世而下，颂我皇上圣德神功为尧舜之主，臣亦得以窃附于尧舜之佐矣。此之荣遇，虽万钟之亭，百朋之锡，岂足以拟之哉！故臣向者每被恩命，辄控辞而不已者，良以所庆幸者大，而爵禄非其所计也。乃若诏禄、诏爵，虽朝廷所以驭臣之典，亦宜稍加节制，而不至横溢，乃足为劝。三公穹阶，五等厚禄，上柱崇勋，在先朝名德，咸不敢当，乃一朝悉举而畀之于臣，所谓溢恩滥赏也。至于符节世赏，部宴大烹，臣前九年考满，皆已冒叨，兹又岂可重领？反复思惟，如坠渊谷，故不避烦渎，再控于君父之前。伏望圣慈，谅臣之衷，素无矫饰，矜其愚而俞允焉。碎首陨躯，不敢忘报。"

据王世贞的《嘉靖以来首辅传》说，张居正的病，是因为房事精力不足，每天吃"房中药"，引发燥火，又服用寒剂下火，结果生成痔疮。

沈德符的《万历野获编》也持这一说，说是张居正服用房中药过多，"毒发于首，冬月遂不御貂帽"。京官们不知内里，以为时髦，竟然纷纷效仿，大冬天都光着脑袋。

还有更具体的说法，说张居正之所以房事精力不济，是因为戚继光送了他两位胡姬——波斯美女，附带又送了些海狗肾。这海狗肾就是强力春药。张居正这次病倒后，感到有必要好好治疗一下，便请了徐阶的医官赵裕，才弄清楚了病症，并做了痔疮切割手术。在这前后，内阁公务都是拿到张居正的寓所来办的。

首辅病倒了，百官不知所措，几乎所有的大小官员——六部大臣、九卿五府、公侯勋戚、翰林和言官都陷入了一种狂热中，纷纷做佛事摆道场，为首辅祈祷。接着五城兵马、锦衣卫也动起来，"于仲夏赤日，舍职业而朝夕奔走焉"。六部的长官手捧香炉于烈日下，跪拜精心撰写的祈祷词章，时间一久，竟站不起来了。所拜过的词章要用红色锦缎蒙起来，呈送张居正。张居正深居不出，他们就贿赂其家人，务求一见。只要首辅大人开颜一笑，或点头表示赞赏，他们就心满意足。各官争相招揽词客，不吝花费，就为求得张居正一点头。旬日之间，南京衙门也群起效仿，继而各省抚按也纷纷开始烧香拜佛。

张居正去世

张居正的病情不断恶化。六月初，他向万历上了一份奏疏，请求致仕，万历皇帝未允。张居正再上一疏请辞，疏词更痛切："今日精力已竭，强留于此，不过行尸走肉耳，将焉用之？"万历皇帝虽然有时恼恨张居正的严苛，但此时也不免慌乱。据说，万历皇帝深为忧虑，涕泣不食，经常派宫内厨师为张居正送饭菜。一时黄门使者，道路相望。京中有人见了，甚至有感叹下泪的。六月十二日，因辽东镇夷堡大捷，有上谕论功，张居正进太师，一子荫锦衣卫指挥同知。

六月十八日，万历皇帝派司礼监太监张鲸携手敕慰问张居正，并询问身后国家大计。张居正已近于昏迷，强撑着安排后事，写了一封密奏，推荐礼部尚书潘晟、吏部左侍郎余有丁入阁。稍后，他又推荐张学颜、梁梦龙、徐学谟、曾省吾、许国、陈经邦、王篆，谓大可用。次日，万历皇帝照准潘晟、余有丁入阁，其余人的名字贴在御屏上，以备召用；并再派太监慰问张居正，继续询问身后措置。但张居正已陷入弥留，说不清话了。

万历十年（1582）六月二十日，张居正去世，时年五十八岁。万历皇帝得到张居正病殁的消息，下诏罢朝数日。两宫皇太后、皇上和皇弟潞王赐赙银一千余两，司礼太监张诚监护丧事。一切饰终的典礼都完备了：赠上柱国、赐谥文忠、予一子尚宝司丞、赐祭十六坛。张居正的灵柩即将启程归葬时，申时行等上疏请派员护送。万历皇帝照准，派太仆少卿于鲸、锦衣卫指挥佥事曹应奎护送张居正的灵柩回江陵。张居正七十岁的白发老母赵太夫人也坐驿车回江陵。

张居正死后，将升为首辅的按例应是次辅张四维。潘晟入阁后，其资历要排在申时行的前面，这就一下触犯了两个现任阁臣的利益。

第二十九章
致命一击

冯保倒台

张四维、申时行立刻看出冯保向内阁安插亲信的用意，两人迅速结成新的同盟。张四维深知申时行以屈居于潘晟之下为耻，便鼓动申时行一起向言官吹风，要把潘晟拒之内阁之外。

六月二十三日，也就是张居正死后第三天，御史雷士桢首先闻风而动，上疏弹劾潘晟秽迹昭彰，不足以委以重任，请皇上收回成命。万历皇帝接到奏疏后有点犯难，考虑到不能首辅刚走就否定其遗疏，便下诏驳回，说过去的事就别再提了。第二天，给事中张鼎思、王继光、孙玮、牛惟柄，御史魏允贞、王国等人也开始上疏弹劾潘晟。潘晟已经离开原籍来京上任，在半路听说消息，连忙按被参的惯例上疏请辞，停在杭州待命。万历皇帝只好把他的退休待遇提到辅臣级。

十二月初七，山东道御史江东之上疏，弹劾冯保的亲信书记官、锦衣卫同知徐爵。十二月初八，又有江西道御史李植上疏，直指冯保"当诛十二大罪"；又揭发吏部尚书梁梦龙以三万两银托徐爵贿赂冯保，谋得此职。任命下来后，梁梦龙竟然前往徐爵家拜谢——"受命公朝，拜恩私室"。

万历皇帝批示将徐爵逮入诏狱审讯，后移交刑部拟斩。对梁梦龙，万历皇帝暂时没动他。但又有人穷追，万历皇帝不想再保梁梦龙了，勒令他致仕。李植继续上疏：

其一，冯保的亲信张大受、徐爵都是逃犯，冯保明知道还收为心腹。

其二，徐爵参与批阅奏章，凡重要机密、紧急军情，皇上还没看，徐爵都知道，抢先泄露于外；在宫内窥伺皇上起居，打听圣母动静，听到宫内的戏言亵语，就出去宣扬。其他人以为他好大神通，争相攀附，竟致其门庭若市。

其三，公主选驸马，入选者是靠贿赂冯保才被顺利选中的。

其四，皇上赐给乳母田庄银两，冯保先勒索其两千五百两。

其五，御用监买来的珠宝，冯保挑选低劣的给皇上用，贵重的尽入私囊；连罚没的赃物，他也窃为己有。

其六，冯保的房子店铺遍布京师，数不胜数；在原籍深州造有私宅，规模之大，可比王府，有房间五千多间。

其七，冯保之弟冯佑在太后居所内高声辱骂太监，冯保之侄冯邦宁兄弟在皇帝所选的九嫔之中挑了两个绝色美女做妾（享受皇上级别待遇）。

其八，冯保竟敢僭用皇上才能用的黄帐。

奏疏还捎带了一笔，说冯保“密迩辅座，掌握中枢”（亲近辅臣，控制外廷）。

万历皇帝批示，冯保罪恶深重，本该杀头，但念他是先帝托付，效劳日久，姑且从宽，发往南京闲住；而且还令“赏银一千两，衣服两箱”。

当冯保临去的时候，慈圣太后还不十分清楚冯保为什么离开，便问万历皇帝。“没有什么，”万历皇帝说，“只是他受了张居正的蛊惑，不久朕自会召回他的。”

浙江道监察御史王国上疏，又举出冯保“十大罪”，要求比照武宗时处死权阉刘瑾之例，处死冯保。万历皇帝哪里会接受这建议，见王国没眼力，罚他到南京的衙门待职去了。后又有御史李廷彦继续弹劾冯保，万历皇帝恼火了，让他停职反省。见奏疏里都提到了冯保敛财的事，万历几天后下令抄冯保等人的家。

万历十年（1582）十二月十四日，陕西道御史杨四知上疏，论已故太师张居正十四大罪，“大略言其贪滥僭窃，招权树党，忘亲欺君，蔽主殃民”。万历皇帝做出答复：“居正朕虚心委任，宠待甚隆，不思尽忠报国，顾乃怙宠行私，殊负恩眷。念系皇考付托，侍朕冲龄，有十年辅理之功，今已殁，姑贷不究。”

对于张居正的亲信庞清、冯昕、游七等人，万历皇帝没有放过，下令逮入诏狱严刑审讯。四天之后，四川道御史孙继先上疏，继续“追言往事”，请求将先前因弹劾张居正而得罪的吴中行、赵用贤、艾穆、邹元标、余懋学、傅应祯、王用汲等一干人召回复职，刘台等已被冤死的，给予恩恤。言官陈与郊、向日红等亦上疏跟进。对平反之事，万历皇帝同意了，下诏说：“朕一时误听奸恶小人之言，以致降罚失中。凡是这奏本上列名的因建言得罪的，俱起用。其余有类似的，吏部都查明报来。”

山西道御史魏允贞弹劾张居正任首辅时的几任吏部尚书张瀚、王国光、梁梦龙，说他们是靠拍张居正的马屁过日子，吏部选官也全是张居正的授意。御史张应诏弹劾刑部尚书殷正茂、兵部尚书兼两广总督陈瑞曾贿赂过张居正、冯保。因这两人的名声本来就不是很好，万历当即勒令致仕。

御史黄钟揭发湖广巡抚陈省曾重金贿赂张居正，还派遣兵卒数百名守卫江陵张家，每年费银数千两。万历皇帝马上将陈省削职为民。此外几任兵部尚书张学颜、吴兑，礼部尚书徐学谟，工部尚书曾省吾，刑部尚书潘季驯，吏部侍郎王篆，蓟辽总督戚继光，陕西总督高文等，皆或贬或免。

与老师徐阶比起来，张居正最致命的缺陷就是在安排“接班人”的问题上，没有设法物色一两位能力超群、志同道合的后备人选插入内阁，直到最后一刻都还要事必躬亲，在内阁中任用了一批无能且不忠诚的同盟。

攻击升级

在万历皇帝的纵容下，言官们对张居正的攻击还在升级。南京刑科给事中阮子孝弹劾张居正的三个儿子及王篆的两个儿子“滥登科第”，说他们的学位是作弊得来的。万历皇帝即令将这五人全部革职。万历十一年（1583）三月，万历皇帝下诏宣布，追夺张居正所有官衔，包括上柱国、太师兼太子太师的荣衔，并革去其子张简修锦衣卫指挥同知职；到八月，再夺张居正“文忠公”谥号。

首辅不是清官

张四维的门生李植再次站出来，揭发张居正有“篡逆”之心，“即斩棺断尸，尚有余罪”，其言辞之激烈，登峰造极。他还与江东之等勾结起来，一唱一和，上疏弹劾吏部尚书杨巍等人是张居正余孽。他们这样丧心病狂地报复，意在兴起大狱，搞死一批人。《明史》对此有记载：“帝追仇居正甚，以大臣阴相庇，独植、东之、可立能发其奸，欲骤贵之，风示廷臣。”这给万历皇帝决心清除张居正势力增添了更大的砝码。

虽然张居正已死，这些人还是紧咬着他不放。当时，扣在张居正头上的最大的一顶黑帽子就是贪污受贿。有人揭发，张居正的长子张敬修，曾以名琴七张、夜明珠九颗、黄金三万两、银子十万两贿赂冯保。可是，抄冯保的家时并未发现这些。还有人检举张居正家有银火盆三百个，张家几位公子胡闹打碎的玉杯、玉碗有好几百只。

张居正虽不是廉洁官员代表，但绝不是贪污成性之人，在大明官员中尚属于清廉。他一向标榜私宅不见一客，非公事不通私书。曾有一知县行贿，遭张居正当面拒绝；知县以为礼轻，便又加了一条玉带再次送去。张居正两次奉还，并致信说：我一直以“守己爱民”四字与你共勉，你居然会以为我嫌礼品少，还是认真思之以自励吧。

还有一件事足以证明张居正的清廉。隆庆六年（1572），湖广抚按欲为张居正修建牌坊，以显示家乡人民对他的感恩之情。此提议一出，遭到张居正的拒绝。可是，这位抚按已经以张居正的名义募集到大量钱财。既然张居正不让修牌坊，那张居正收下这些钱总可以吧，湖广巡抚遂将钱送到了张家。张居正坚决不收，这令抚按十分为难，这募捐的钱也不大好退回。怎么办？还是张居正出了一招，此钱可交给地方官府。两广将帅也曾向张居正送礼，他都一概拒绝了。张居正执政期间，收受贿赂的机会非常多，下有知县七品小官，上有一方巡抚大员，少则几十两白银，多则万两黄金，但他从没动过心。尽管自家院府的修建是由地方官“统筹解决”了，但张居正表示，愿用历年的工资、赏赐和田租来偿还。

由此可见，说张家在江陵修建的大宅来自民脂民膏，大多来自这个传闻。张居正的为人，万历皇帝还是清楚的。他清楚张首辅绝不是贪恋钱财之人，当有人再陷害其贪污腐败时，他则严厉斥之：“你们这些一塌糊涂的言辞，朕真是受不了了。”于是万历皇帝就接连下诏：“先前权奸当道，科道不置一词；罪人已被逐斥，就不要再攻击了，实在有伤国体。以后言官论人应该实事求是，不知道事情的始末，则不宜肆意诋毁，弄得大臣人人自危。奸党现已斥退不少了，今后要为国家爱惜人才，讲究和平之道。再有违旨追究往事的，定重治不饶！”

这段话意在告诉那些伺机报复张居正的人：张首辅不是贪官，朕可以做证。

辽王朱宪㸅翻案

张居正贪污一案，以万历皇帝亲自站出来澄清而告终。可以说，结果还是比较圆满的。但紧接着发生的一件事情又令万历皇帝为难了。

这件事事关辽王朱宪㸅。朱宪㸅是万历皇帝的爷爷辈。不过朱宪㸅此时已死，这一疏是他的次妃王氏呈的。

万历十二年（1584）四月，原辽王府（隆庆二年被废）朱宪㸅次妃王氏上疏万历皇帝，说“已故大学士张居正隐占废辽府第田”，换言之，张居正设计陷害亲王、强占王坟、霸占产业、侵夺皇田，最后还特别提到了一句，“辽王家财，金宝万计，悉入居正府”：这是要全面地为辽王翻案。万历皇帝意识到，这个问题很棘手，一旦处理不好很有可能会导致自家人纷争不断。

兵科给事中孙玮也于万历十年（1582）十二月紧随杨四知之后，弹劾原福建巡抚劳堪秉承张居正之意，于隆庆年间将秉公调查辽王案的刑部侍郎洪朝选下狱逼死。万历十二年（1584），洪朝选的儿子洪竞上疏，要求惩办冤案的制造者。都察院副都御史丘橓也上疏，提到了应该对劳堪定罪。云南道御史羊可立上疏“已故大学士张居正隐占废辽府第田土”。万历皇帝命湖广抚按核查辽王案。

同时，这个案件也引起了万历皇帝的极大兴趣。当然，这段历史的真相他全然不知，因为那个时候他还没出生。张居正与辽王朱宪㸅的恩恩怨怨我们前面早已提到，他俩早在十几岁时已结识，但因志向不同，逐渐生分。张居正心怀抱负，被国家重用；而朱宪㸅只是一个纨绔子弟，张居正对这种纨绔子弟充满不齿与痛恨。张居正回家休养时，其诗里常常表现出愤懑与苦恼的情绪，这里头固然有忧国忧民的成分，也有对纨绔子弟不作为的讽刺。后来，两人的嫌隙更是越来越大。万历初年，张居正实施改革，其中就有一项削藩的政策，要求对全国的藩王进行整顿。辽王便牵连其中。因辽王朱宪㸅被认定有谋反之嫌，辽王府被撤。大概是因为这项变革是由张居正发起的缘故吧，两人之间的疙瘩越系越紧，算是解不开了。

辽王府被废，当时也有人诬告这是张居正所为，认为张居正看上辽王府，想占为己有。

万历皇帝怎么也没想到，自己的皇亲曾受过张居正的欺负，看来张居正真是胆大包天，不把朱家人放在眼里。随即万历皇帝下令，派人前去张府，照着奏本上所列的财产一一没收，金银珠宝、钱粮田地、湖泊等全部抄没入官，不许隐瞒、包庇，如有人敢包庇，就要拿来重治！

接到万历皇帝的圣旨，刑部侍郎邱橓、太监张诚带一行人从北京出发了，赴张居正荆州古宅。

出发以后，邱橓接到在朝几位大臣的书牍。内阁大学士申时行说："圣德好生，门下必能曲体，不使覆盆有不照之冤，比屋有不辜之累也。冀始终留神，以仰承圣德，俯慰人心。"许国已入内阁了，也说："愿推罪人不孥之义，以成圣主好生之仁，且无令后世议今日轻人而重货也。上累圣德，中亏国体，下失人心，奉旨行事者亦何所辞其责。"最沉痛的是左谕德于慎行的一书，洋洋千言："江陵殚精毕智，勤劳于国家，阴祸机深，结怨于上下。当其柄政，举朝争颂其功而不敢言其过，今日既败，举朝争索其罪而不敢言其功，皆非情实也。且江陵平生，以法绳天下，而间结以恩，此其所入有限矣。彼以盖世之功自豪，固不甘为污鄙，而以传世之业期其子，又不使滥有交游，其所入又有限矣。若欲根究株连，称塞上命，恐全楚公私，重受其困。又江陵太夫人在堂，八十老母，累然诸子皆书生，不涉世事，籍没之后，必至落魄流离，可为酸楚。望于事宁罪定，疏请于上，乞以聚庐之居，恤以立锥之地，使生者不致为栾、郤之族，死者不致为若敖之鬼，亦上帷盖之仁也。”

但是对这一切话，邱橓都置之不理。

张家灾难

地方官员谁也不敢怠慢，把张家人赶到旧宅里，将门封住，禁止出入。当张诚等赶到开门查抄张府时，里面的老弱妇孺已经饿死十几口人了。两位钦差到后，死命追赃，广事株连。他们按照万历皇帝的思路，预先估计的财产大约有银二百万两。几日内，他们便将查抄结果上报：江陵宅内，大概有金二千四百两，银十万七千两，金器三千七百两，金首饰二千四百两，等等。张居正北京的府第，刑部也报上来，折银一万六百两。

丘橓下令严刑拷打，追逼到底。张居正三子懋修受刑不过，诬陷称有大约三十万两银转移到了曾省吾、王篆、傅作舟等家。张懋修投井不死，不食又不死，侥幸保存一条性命。张敬修自杀，并留下血书（《绝命书》）：

呜呼，天道无知，似失好生之德，人心难测，罔恤尽瘁之忠。叹解网之无人，嗟缧绁之非罪，虽陈百喙，究莫释夫讥谗，惟誓一死，以申鸣其冤郁。

窃先公以甘盘旧眷，简在密勿，其十年辅理之功，唯期奠天下于磐石，既不求誉，亦不恤毁，致有今日之祸；而敬修以长嗣，罹兹闵凶，何敢爱身命而寂无一言也。

忆自四月二十一日闻报，二十二日即移居旧宅，男女惊骇之状，惨不忍言。至五月初五日，邱侍郎到府；初七日提敬修面审，其当事噂沓之形，与吏卒咆哮之景，皆生平所未经受者，而况体关三木，首戴幪巾乎！在敬修固不足惜，独是屈坐先公以二百万银数，不知先公自历官以来，清介之声，传播海内，不惟变产竭资不能完，即粉身碎骨亦难充者！且又要诬扳曾确庵（省吾）寄银十五万，王少方（篆）寄银十万，傅大川（作舟）寄银五万，云“从则已，不从则奉天命行事！”恐吓之言，令人胆落。嗟此三家，素皆怨府，患由张门及之，而又以数十万为寄，何其愚也！吾意三家纵贪，不能有此积，亦不能完结此事，吾后日何面目见之，且以敬修为何如人品也。今又以母、子、叔、侄，恐团聚一处，有串通之弊，于初十日，又出牌，追令隔别，不许相聚接语。可怜身名灰灭，骨肉星散，且虑会审之时，罗织锻炼，皆不可测，人非木石，岂能堪此！今幽囚仓室，风雨萧条，青草鸣蛙，实助余之悲悼耳。故告之天地神明，决一瞑而万世不愧。

嗳乎，人孰不贪生畏死，而敬修遭时如此，度后日决无生路！旷而观之，孔之圣也而死，回之贤也而死，死有重于泰山，有轻于鸿毛者，予于此时，审之熟矣。他如先公在朝有履满之嫌，去位有忧国之虑，惟思顾命之重，以身殉国，不能先几远害，以至于斯，而其功罪，与今日辽藩诬奏事，自有天下后世公论，在敬修不必辩。独其虚坐本家之银，与三家之寄，皆非一时可了之案，则何敢欺天罔人，以为脱祸求生之计。不得已而托之片楮，啮指以明剖心！此帖送各位当道一目，勿谓敬修为匹夫小节，而甘为沟渎之行也。

祖宗祭祀，与祖母、老母饘粥，有诸弟在，足以承奉，吾死可决矣。而吾母素受辛苦，吾妻素亦贤淑，次室尚是稚子，俱有烈妇风，闻予之死，料不能自保。尤可痛者，吾有六岁孤儿，茕茕在抱，知亦不能存活也。

五月初十日写完此帖，以期必遂，而梦兆稍吉，因缓。十二日会审，逼勒扳诬，慑以非刑，颐指气使，听其死生，皆由含沙以架奇祸，载鬼以起大狱，此古今宇宙稀有之事。上司愚弄人，而又使我叔侄自愚，何忍，何忍！

邱侍郎、任抚按、活阎王！你也有父母妻子之念，奉天命而来，如得其情，则哀矜勿喜可也，何忍陷人如此酷烈！三尺童子亦皆知而怜之，今不得已，以死明心。

呜呼，炯矣黄炉之火，黯如黑水之津，朝露溘然，生平已矣，宁不悲哉！

有便，告知山西蒲州相公张凤盘，今张家事已完结矣，愿他辅佐圣明天子亿万年也！

张敬修自杀，满朝震惊。

刑部尚书潘季驯闻讯，悲不自胜，毅然接连上疏，请求保释张居正家属，直言“治居正狱太急”，说张氏家属已有数十人毙于狱。

当时的首辅申时行也上疏道：“现籍没其家，国典已正，众愤已泄。若其老母衣食供给不周，子孙死亡相继，皇上您也有不忍吧！”

万历皇帝饶了张家的家属，但是对于其财产仍抓得一丝不苟，特别叮嘱张诚马上把荆州张家抄出的财物押解进京，不便于运输而又来不及变卖的（如石牌坊等），交由当地巡抚来办。在北京，刑部等衙门把张居正在京的财产尽数解入内库。当年十一月，张诚也将荆州抄到的十万两财物解回北京。兴师动众地抄了张家一回，连房子带地，全部折成银子，总共不超过二十万两，不及严嵩的十分之一。

万历皇帝的复杂性格

为何万历皇帝对张居正的打击如此迫不及待，并且打倒后，又踏上一脚，让他永不得翻身呢？其实这是万历皇帝与张居正长期积累的矛盾的总爆发：

张居正当权十一年，在万历十年（1582）病死。此时朱翊钧已二十岁，蛇蝎性格随着他年龄的增长而大量显露。他恨透了在他幼年时对他生活管教过严的宦官冯保和在他幼年时对他读书要求过严的张居正。

朱翊钧十岁时，就经常拷打身边的宦官和宫女，把这些可怜无助的人拷打到死。冯保向李太后报告，李太后就责骂朱翊钧，有时候还揍他。有一次李太后暗示他，如果他不停止凶暴，他可能有被罢黜的后果。张居正兼任皇家教师，往往在朱翊钧早睡正甜时，强迫他起床读书；在他读错字时，又声色俱厉地纠正他。

由于李太后的信任，张居正担当的角色有时的确有一点尴尬：在朝廷，他是首辅；在皇帝面前，他是老师。作为首辅，他必须听命于皇上；作为老师，他又得严格管教学生。这两种角色常常产生冲突。李太后是一个严厉的母亲，希望张居正是一个严格的老师。小皇帝一直很怕张居正，从来不喊张居正的名字，而是恭恭敬敬地称“元辅张先生”。

万历六年（1578），十六岁的朱翊钧成婚之后，李太后再也不能住在乾清宫里监护他了，就回到了自己的慈宁宫。回去之前，李太后把张居正找来谈了一次话，她说她现在再也没有办法监护皇上了，要张居正承担师相的责任，对皇上多多管教。但此时的朱翊钧已不是当年的孩子了，他开始有自己的主见；并在贴身太监的引诱下，他滋长了游玩之心。有一次他溜到西城去玩，带着孙海和客用两个贴身太监。喝得半醉时，朱翊钧吩咐找两个宫女唱唱曲，于是太监找来了两个宫女。朱翊钧要两个宫女唱坊间的流行小曲，两个宫女说不会唱。朱翊钧很生气，抖威风说：“我叫你唱歌你还不会唱？推出去斩了！”天子无戏言，出口的话都是圣旨啊。孙海一听，这可闹大了，本是偷着出来玩的，闹出人命来可就麻烦了，就赶紧提建议，不要斩了，把两个宫女的头发削掉，代替斩首。

这件事被李太后知道了，很生气，第二天把两个宫女找来，问明情况以后，就跑到了奉先殿，在丈夫隆庆皇帝灵前哭起来了，说儿子现在就这样浪荡，哪当得了皇帝，妾身准备把他废掉，让他的弟弟潞王接替皇位。万历皇帝一听说吓坏了，赶紧跑到太后面前哭，跪在地上不起来，希望得到原谅。李太后说，这件事要看张居正怎么说。在太后的授意下，张居正替皇上写了一份检讨书，叫罪己诏，颁布出来，承认这件事做得荒唐，今后再也不发生了，这件事才算过关。李太后对儿子严格管教，张居正积极配合。朱翊钧因此渐渐地对张居正产生不满。朱翊钧十九岁时，成熟了，想自己管理国家。张居正也看出朱翊钧大了，多次上疏，希望“还政”，把国家的控制权还给皇上。有一次朱翊钧很委婉地在李太后面前提这个事儿，李太后却回答说：“你三十岁之前不要提亲政的事，一切听张先生的教诲。”李太后对张居正如此信赖，使万历皇帝对张居正由不满变成仇恨。所以张居正一死，万历皇帝迅速对他进行清算。

张居正在位时，万历皇帝一直尊其为师。而事实上，万历皇帝不是敬爱他，而是敬畏他。万历皇帝年幼时，对张居正很是畏惧，背诵《论语》时，偶尔背错。只要张居正一声“背错”，万历皇帝就会吓一跳。有一次万历皇帝将《论语》里的一句话“色勃如也”中的“勃”读成“悖”，遭到张居正断然呵斥。另外，每当朱翊钧犯错的时候，李太后就会对朱翊钧说一句话：“使张先生闻，奈何？”万历八年（1580），朱翊钧已经十八岁，醉酒后打了身边的两个小太监。李太后得知后大怒，不仅罚朱翊钧长跪，还以废帝威胁，并找来了《汉书·霍光传》让他好好读读。霍光历经汉武帝、汉昭帝、汉宣帝三朝，官至大司马大将军。李太后的行为，有些“你不好好干，就会被张先生废掉”的意味。其间，李太后曾主张废立潞王朱翊镠。同时，李太后让朱翊钧读《霍光传》的消息传到张居正耳中后，张居正也吓坏了，如果李太后和皇帝真把自己当作霍光那样防备了，该如何是好？当年李太后赶走高拱的旧事还历历在目，自己可不想步高拱后尘。于是，他赶紧向朱翊钧上疏请辞，然后“天子慰留恳切。最后手书称慈圣口谕：张先生亲受先帝付托，岂忍言去。俟辅尔岁至三十而后商处。先生毋复兴此念”。

张居正当权的十年，所揽之权，正是万历皇帝的大权。张居正效忠国事，独握大权，但在万历皇帝的心里，实际上是蔑视主上的表现。张居正死后，万历皇帝开始寻找复仇的快慰。张居正一生鞠躬尽瘁，万历皇帝为何要死后报复？明朝律法规定，抄家罪行主要有三点：谋反，叛逆，奸党。当万历皇帝下旨抄家后，正直的大臣左都御史赵锦上疏提出异议，认为张居正“未尝别有异志”。万历皇帝给出的理由是张居正“专权乱政，罔上负恩，谋国不忠”，用这十二个字给张居正定了性。万历皇帝认为自己还宽大了，“本当剖棺戮尸，念效劳有年，姑免尽法，伊属居易、嗣修、顺、书都永戍烟瘴。都察院其榜居正罪状于省直”。

“复辽”争议

这之后，“复辽”的舆论甚嚣尘上。不“复辽”，怎么能说明张居正罪大恶极？万历皇帝对“复辽”，似乎兴趣并不很大，因此事情拖到万历十二年（1584）八月，才算有了说法。

八月九日，万历皇帝下诏，指示各衙门堂官会商辽王案件处理事宜，同时提出了自己的意见："拟复辽爵，及重论居正之罪。"辽王朱宪㸅是没有儿子的，要"复辽"，可从旁支过继一个来，这个封号就还可以由这个家族承袭下去。不过，恢复一个被废的宗室封号与对前任首辅再加重罪，两件事都可能会有难以预料的影响。"复辽"，有可能助长宗室气焰；加重张居正的罪，将使此后所有的执政大臣胆寒！万历皇帝之所以将两件事一并提出，侧重点其实是在第二件事：不"复辽"，就不足以定张居正的重罪。这确是有点太过了。

此时首辅申时行也一改往日温和的态度，站出来劝阻说，皇上若"复辽"，不是颁发一张平反诏书就算完事的，你还要给他重建王府，今后又要多出一份宗室开支，要不了几年又将多出两三万人的财政支出！一席话，击中了万历皇帝的软肋，使他无言以对，不得不同意内阁大臣的意见。

不"复辽"，无非是减轻张居正的罪，孰轻孰重，万历皇帝掂量了很久。为了彰显自己的正确举措，又证明张居正确实有罪，万历皇帝还给吏部下旨，破格擢升告发张居正最起劲的三人——李植、江东之、羊可立，说三人"摘发大奸有功，俱着于京堂不次使用"。李植、江东之、羊可立三人因为告发张居正最厉害，破格提他们做副部长。三人果然以七品御史连升六级，各得正四品少卿职，真是"京中一日三少卿，狂吠亦得乌纱顶"。司礼监太监张诚因抄张居正家有功，赐荫弟侄一人为锦衣卫百户；后张诚接任司礼监掌印太监，权势威风堪比当日冯保。

万历十二年（1584）八月，对张居正的最终判决出来了。都察院按万历的旨意，参劾已故首辅张居正。这是一份国家起诉书，万历皇帝批示了一段话，给张居正做了定论：

"张居正诬蔑亲藩，侵夺王坟府第；钳制言官，蔽塞朕聪；私占废辽地亩；假以丈量，庶希骚动海内；专权乱政，罔上负恩，谋国不忠。本当断棺戮尸，念效劳有年，姑免尽法追论。伊属张居易、张嗣修、张顺、张书都著永戍烟瘴地面，永远充军。"

同时万历皇帝下令，要在各省张榜公告张居正的罪状。

对此，李太后未置一词。许多人便做出种种猜想，但最重要的或许是李太后身处深宫，没有亲信，当初可能并不知情，知情时可能为时已晚，无法改变后果，只好默许。李太后的性格，或许并不能成为阴谋者。

万历皇帝和张四维、申时行内阁君臣相通，“尽反其政，以媚天下”。

而继任的首辅申时行，目睹张居正身后的惨祸，刻骨铭心，此后凡一切事务，均施行“宽政”。

第三十章
毁誉参半

张居正是中国历史上最有争议的人物之一，可谓毁誉参半。几百年来，世人对他的评价往往处在两个极端：称赞他的人夸大他的功劳，诋毁他的人看重他的过失。有的说他廉洁奉公，有的说他中饱私囊；有的说他赏罚分明、公正无私，有的说他偏袒亲友、敌我分明；有的说他面对社会经济凋敝、民不聊生，果断提出了改革，并取得了很大的成效，有的说他“救世宰相难救世”“改革名臣未改革”。

张居正成为争议最大的历史人物之一就在于他的两面性。这表现在他既是提倡改革的政治家，又是投机取巧的政客；既有公开示人的一面，又有隐私见不得人的一面。

首先，他作为一个政治家，体现在敏锐的政治眼光和独特的治理方式上。王安石变法，为了争取上层人群的支持，将《周礼》作为改革的理论支持，最终结果呢，所有措施都很难推行下去。而张居正秉承的是法家“不法古”“不循礼”，革故鼎新，雷厉风行，尽管得罪了不少达官贵人，但从改革的成效、对社会发展的促进上来看是正确的。任何改革都离不开政治手段，张居正需要铁腕政策的保证才能在政治上推行“考成法”，大力整顿吏治，力求构建“朝下令而夕奉行”的氛围，使得“大小臣工鳃鳃奉职，中外淬砺，莫敢有偷心”，改变官场“一味甘草，二字乡愿”的颓靡习气；在经济上排除万难，坚持清丈耕地，整理赋税，揪出了一大批隐税的耕地强权势力，继而将在南方部分地区出现的“条顺法”推广到全国，使赋税和徭役货币化，人头税向土地税转移，一手“惩贪污以足民”，一手追查逃税、漏税增加国库收入，力求两手并举。

然而，张居正还有政客的一面。据《明实录》记载，张居正“偏衷多忌，小器易盈，钳制言官，倚信佞幸”。言官江东之对他也有批评，“才太高，性太拗，权太专，心太险”。为什么江东之对张居正会有这样的评价呢？这是因为张居正是个铁腕人物，在权力斗争中常常不择手段，有一套自己的官场“嫌怨有所弗避，不拘泥于常理”的政客作风。

张居正的政客作风在“王大臣案”与“附保逐拱”中流露得淋漓尽致。“王大臣案”之前有详细的阐述，“附保逐拱”现在特地讲一下。

隆庆六年（1572），明穆宗去世，内阁首辅高拱与司礼监掌印太监冯保的争斗日益激烈。高拱为将权力收归内阁，发动众多言官对冯保进行猛烈的弹劾，企图将之罢黜。在这一轮权力博弈中，张居正选择了支持冯保。

按理说，张居正作为内阁次辅，应该全力支持内阁首辅，打击太监势力，加强内阁权力。然而，张居正的考量非常功利主义：如果支持高拱打倒冯保，那么自己依然是第二把手；如果支持冯保打倒高拱，自己就可以由第二把手上升为第一把手。于是乎，他表面上敷衍高拱说什么打倒冯保就好比除掉一只死老鼠那么容易，暗地里却与冯保密谋策划，把高拱在内阁中的牢骚话——“一个十岁的孩子如何治得了天下”传到后宫，讲给当时的两宫太后听，希望利用他们孤儿寡母怕失势的心态，一举端掉高拱。

在三人内圈中，张居正的地位举足轻重，他偏向谁，将会决定最终的胜利属于谁。直到两太后召开御前会议之前，高拱始终认为张居正是支持自己的，会议召开之际，高拱还天真地认为今天的会议定就是冯保倒台。结果，太监宣读：“高拱专权擅政，把朝廷威福都强夺自专，通不许皇帝主管。不知他要何为？我母子三人惊惧不宁。”这时，高拱才意识到被蒙在鼓里的是自己。

要知道，这是当时的两宫太后与皇帝联名签署的圣旨，翻身怕永远也不可能了。随即高拱受到处分：当即回籍，不得停留。

在贪赃枉法、贿赂横行的明朝官场，张居正也不能免俗。他虽然不随便接受官员的贿赂，大贪也算不上，但也善于使用钱财去贿赂他人，善于使用手中的权力去敛财，为人所诟病。万历十年（1582），张居正死后，有很多人出来弹劾他收受贿赂，这也不是一点儿依据没有。

万历十年（1582）二月，直隶巡抚王国在弹劾冯保的奏疏中说：“辅臣张居正病故，保令徐爵索其家名琴七张、夜明珠九颗、珍珠帘五副、金三万两、银十万两。”这说明，张居正曾经以三万两黄金、大批珍宝贿赂过冯保。

张居正不受贿，但行贿，这也是腐败啊！张居正这一弱点也是不容否定的。

此外，张居正生活腐化，个人也留下了道德瑕疵。在江陵老家，他建造太师府第，从开工到完工历时三年，耗资达二十万两白银。张居正虽名义上坚决不收礼，但地方官暗中相送，张居正十之八九也坦然接受。万历皇帝亲笔为他书写了堂匾、楼匾、对联，而且还拿出一笔内帑，作为建造资金。皇上都赏赐张首辅了，地方官员也纷纷上行下效，尤其是楚广两地官员出资纳贿最多。在京师，他也建有一座同样豪华的官邸，其壮丽虽然远远比不上严嵩、冯保的府邸，但派头也超出了正常范围。张居正并非世家大族出身，明朝官俸又极薄，皇上所赐有限，他何以能够过上奢侈的生活，个中缘由是不言自明的。

如果想做个清官，想以清廉标榜自己，就要洁身自好。唐朝时的卢怀慎是中宗、睿宗、玄宗三朝元老，虽然贵为卿相，但一向注重官德，清廉谨慎，节俭朴素，不但不收受贿赂，还经常将所得的俸禄和赏赐周济亲戚朋友。他住的房子因年久失修而不蔽风雨，便拿帘子遮挡，每天的饭菜不过蒸豆两碗、蔬菜数盘而已，穿的衣服和用的器具没有金玉等图案装饰。

像张居正这样大造府院，妻妾成群，奢侈无度，难免留有口实，就很难独善其身。

皇帝不能当儿子养

张居正是万历皇帝明神宗朱翊钧的老师。万历皇帝继位时才十岁。这位老师对小皇帝是忠心耿耿、一心为主，而最后换来的却是死后家破人亡，差点被“剖棺戮尸”。从这个角度看，作为帝师，张居正是失败的，而且是彻底的失败，因为他费尽心血、精心抚养的万历皇帝不但没有成为一代明君，还落得个荒唐、好色、冷酷的名声。

为什么会这样？张居正太把自己当回事，对万历皇帝要求非常严格。很多时候，一大早万历皇帝睡得正甜时，张居正就强迫其起床读书；当皇帝读错字时，他又是声色俱厉地批评皇帝。万历皇帝从来不敢喊张居正的名字，即使已经亲政，仍是恭恭敬敬地称“元辅张先生”，这不是尊敬，而是一种畏惧。

小万历恨透了这个严厉的老师，却又不敢反抗。据说，十多岁的万历皇帝经常拷打身边的宦官和宫女，直到拷打至死。可见，张居正当时给这个十多岁的孩子心理造成多么大的压力。

其实，万历皇帝的压力远远不止来源于此，还有“保姆”冯保和母亲李太后。冯保主管小万历的日常起居，要求也极为严格，俨然与张居正严格的学习生活遥相呼应。有一次，一个宫女知道小万历特别喜欢鸟，就抓了一只送给他，被冯保制止：“不能给皇上玩这个，玩物丧志。”如此小的孩子，玩个鸟就能丧志？估计当时的万历皇帝杀他的心都有了。万历皇帝还有一个压力来自他的母后李太后。李太后出身贫寒，是从王府丫鬟一步步艰难爬上太后之位。先是被裕王朱载垕看上，朱载垕即位后被封为贵妃，再被张居正阴差阳错地请封为太后，大半生被人看不起，看尽了人间冷暖，因此，她特别希望儿子能成器，望子成龙的心态颇重。因此，她从小就对万历皇帝要求严格。

由于李太后的信任，张居正一直从严执教小皇帝，再加上性格本来就有强硬的一面，几乎什么事情都是靠强硬手段去推行。据说张居正对待自己的儿子也十分严格。然而，压得多了必然会有反抗，小万历的蛇蝎性格恐怕就是在这个时候养成的。

管皇上怎么能像管儿子一样呢？本来张居正作为老师这个角色就有点尴尬，在朝廷里是大臣，要听命于皇帝；在私下里是老师，要严格要求皇帝。这两种角色常常会产生冲突，而这个冲突在张居正身上体现得更为集中。因为，他兼任着内阁首辅等多个官职，希望自己是个好大臣，又是好老师。

也许他永远不会明白，他失败最根本的原因在于他没有摆正自己的位置。在封建社会的君主政治中，臣子无论多么呕心沥血、居功至伟，都只是统治者的一个工具。张居正一生功高震主，无异于为自己埋下了隐患。

张居正改革中犯的那些错

作为一位改革家、政治家，张居正是成功的，青史留名。当国十年，张居正辅佐幼主，大刀阔斧地改革，推行“万历新政”，力图中兴大明王朝。

随着商品经济的发展，“士商互动”已成为明代中晚期不可逆转之势，“商与士，异术而同心”早已成为社会道德生活中的常识性认识。很明显，与传统的单纯强调皇权的价值观相比，张居正提倡的农商并重的价值观更有利于社会的发展和进步。

然而其中也潜藏着重重矛盾，这是封建社会的特性造成的，不以人的意志为转移，因此是张居正自身无力化解的。

第一，道德权威的错位。在中国传统的价值体系中，道德权威的承担者必须具备某种“绝对”“永恒”的属性。董仲舒的“天”，程朱理学的“理”，都是如此。而在王阳明心学风行天下的明代中晚期，张居正无力建构出某一道德权威主体来与王阳明所确立的“心”相抗衡，因此他只能以政治权威代替道德权威。他通过强化“内阁”的政治权威来实现对社会道德权威的确立，就等于在政治权威与道德权威已经错位了的基础上，制造了更大的错位。张居正死后，遭到清算的最重要的理由是“钳制言官，蔽塞朕聪”，“罔上负恩”就是对这种“错位”的直接表述。

第二，价值标准的单一。中国的皇权政治是依托于儒家士大夫“修身、齐家、治国、平天下”这一价值追求的基础上的。而在王阳明心学引导下的一些“讲学者”，孜孜于性命义理，汲汲于修身养性，却自觉不自觉地放弃了“治国”“平天下”的责任担当。缺少了“治国”“平天下”的价值追求，作为皇权维护者的官僚士大夫群体也就失去了赖以维系的精神支柱。明代空前绝后的“党争”，就是最好的注释。张居正“毁书院、禁讲学”的重要目的就是力求为官僚士大夫群体确定一个基本的价值准则。但囿于传统儒家的思想视野，他只能简单地固守着“修身、齐家、治国、平天下”这一价值导向。

第三，触动了统治阶级保守势力的利益。守旧势力的干预和反对，是张居正改革无法真正得以实施的主要原因。因为张居正的改革正是在大明王朝艰难的时期，吏治腐败、经济萧条、军备废弛，这样的窘境长期得不到改善。尽管他改革的目的是维护封建统治阶级的长远利益，但这一部分人的既得利益必然会打破，因此势必会遭到保守势力的反对。地主阶级以及社会上保守的势力，为了维护和扩大既得利益，对改革大肆阻挠、诽谤和攻击。比如，清丈土地、实行“一条鞭法”、推行均平赋役，便得罪了朝野一大批的官僚地主；推行“考成法”之后，严格的考核使得官吏们不得不如履薄冰，埋头工作；破格用人，选拔了人才，却得罪了那些无德无才只凭资格升迁的人；裁减冗官，减轻了国家的财政负担，却敲掉了不少人的饭碗，从而引起相当一批士大夫的不满；整顿驿站之后，官员不能私自使用公家的交通设备，而不得不自己掏腰包，自然使得他们怨声载道。这些，都让张居正陷入了两难境地。

最根本的一点是发展模式的脆弱。商品经济作为社会发展的强大推动力，张居正给予了较充分的重视。然而他仍然无力化解商品经济与皇权政治之间的矛盾。正如他在为社会构建基本价值体系所必须面对“士人身份重新定位”这一至关重要的因素时，他在推动商品经济发展的过程中也必须面对皇权政治与商品经济之间不可调和的矛盾。

张居正力主“农商并重”，但中国封建社会长期以来都是重农抑商，尽管明朝中后期商品经济发展较快，但长期挣扎在皇权政治与“权力经济”夹缝之中的商业经济，犹如畸形儿，没有一个健康的发展环境。皇权通过各种手段来掠夺工商业者的财物，或“和买”，或“采办”，或“抽分”，或“加耗”等，名目繁多。而皇亲贵戚借其特权直接参与商业经营，在牟取暴利的同时还恣意欺凌普通商贩和平民小户。

正如顾炎武所指出的那样：“自万历以后，天下水利、碾硙、场渡、市集，无不属之豪绅，相沿以为常事矣！”一切似乎都表明，在皇权专制的制度下，商品经济只能以病态的形式发展，而且这种病态的经济形式非但不能促进社会的进步与发展，相反是侵蚀社会进步与发展的毒瘤。这也注定张居正农商并重的发展模式是很难生存的。无法化解皇权政治与商品经济之间的矛盾冲突，却又努力地确立“商农并重”的发展模式，结果只能适得其反。

张居正纵然不乏瑕疵，但一生中积极因素始终占据主体。张居正贵为帝师、内阁首辅，兴复百业，整饬废弛，“促成万历初年的天下大治局面”。

张居正死后，“一条鞭法”虽然还在执行，但清丈已全部停止。最富庶的江南一带，富户与官府重又勾结，隐瞒土地，降低户等。有的里甲有田千亩；有的里甲仅有数十亩，赋税摊派仍是按照里甲。这又是穷者税重、富者税轻，以致贫户“家破身亡者十之八九”。

贫户不堪压迫，只得破产逃亡，土地兼并死火复燃。常有一州一县的土地，为王府所占达七成，军屯占二成，民间仅占一成！

张居正执政期间，收支平衡，且年年有盈余。万历皇帝刚一亲政，就入不敷出，亲政当年就超支五十四万余两，第二年超支一百七十六万余两，以致“计十余年之积，不足为二年抵补之资”。

宫内开支再无人限制，钱不够用，就搜刮国库与州县。户部的年收入，三分之二收入内库；州县则“尽刮库藏，尚不足用”。

万历十二年（1584），那个把张敬修给逼死的丘橓，忍受不了官场的腐败，上疏痛斥不正之风：“下官多以广交为能，或明送于公门，或暗投于原籍。上官又多以不取为拙，或充囊橐以自肥，或括金币以为赂。”丘橓万分感叹，说如今“国与民俱贫，而官独富，况以官致富，又以富买官”。万历十四年（1586），南京给事中孙世祯上疏，说：“承运库买金珠宝玉至十九万有奇，若少减数万，即可活数万垂死之命。”

天启元年（1621），邹元标再次被起用，当上了左都御史。次年，有感于时事，上疏称“居正功不可没”。天启皇帝遂为张居正恢复生前原官，并给祭葬礼仪，张府房产尚未变卖的一并发还。

崇祯三年（1630），礼部侍郎罗喻义等再论张居正事，崇祯皇帝下诏，发还张居正亲属官荫及诰命。

崇祯十三年（1640），崇祯皇帝又应张居正之曾孙张同敞之请，恢复张居正谥号、荣衔，恢复其子孙锦衣卫袭职。

张居正是个有争议的历史人物，几百年来世人对他的评价往往处在两个极端，称赞他的人过于夸张他的事实，诋毁他的人又使人看不出他本来的面目。张居正的一生经历了明中叶嘉靖、隆庆、万历三朝。他既是帝师、内阁首辅，位极人臣，又是一位杰出的改革家。终明一朝，生前得晋太师之位的，阁臣中张居正是第一人；既晋太傅又晋太师者，唯张居正一人而已。

第三十一章
历史回音

很多人将万历朝作为明朝走向覆灭的分水岭，其中一个重要原因是万历皇帝懒政，多年不上朝，搞得国家机器运转失灵。其实，万历皇帝多年不上朝的因素也很多，其中有一个容易被人忽略的因素就是官员不作为成为常态，出现一拨又一拨的“纸糊阁老”“泥塑尚书”。

从主观看，是官吏太可恨；从客观看，症结还是出在万历皇帝自己身上。明朝懒政的皇帝很多，万历皇帝更是很好地遗传了家族基因。他的爷爷嘉靖皇帝沉溺于道教，敷衍应付朝政是常态。他爹隆庆皇帝虽然一本正经上朝，也是凡事都依赖大臣，自己甘愿垂拱而治，落得清闲。到了万历朝，万历皇帝怎么就行不通了呢?

其实主要原因是朝政总得有人处理，自己不做，就得选对能人干吏来干，否则朝政就会运转失灵。看嘉靖皇帝用的人，远的不说，近的就有夏言、严嵩、徐阶，虽然内阁首辅一直在掰腕子，且严嵩这人声名狼藉，可是依然不能否认其处理朝政的水平，因此嘉靖皇帝才能不操心。

隆庆皇帝更不用说，虽然做皇帝没几年，可是碰到徐阶、高拱这些内阁首辅，都是一等一的能人。他俩虽然个人都多少有些瑕疵，如徐阶溺爱儿子，纵容儿子在家乡乱搞；高拱太小心眼儿，无法与阁臣共事，挤走了一个又一个阁臣，但一码归一码，他俩对朝政都是又上心又有办法，自然将政务打理得井井有条。

万历皇帝不是没有好的人才，像前期的张居正，更是旷世罕见的能臣干吏，既有干实事的动机，又有做大事的手腕，因而连徐阶、高拱想干的很多大事，都被他做了，也初步改变了明朝中期呈现的颓败气象。可是万历皇帝却把张居正来个死后抄家，家破人亡。明朝律法规定，抄家罪行主要有三点：谋反，叛逆，奸党。当万历皇帝下旨抄张居正的家后，正直大臣左都御史赵锦上疏提出异议，认为张居正“未尝别有异志”。万历皇帝给出的理由是张居正“专权乱政，罔上负恩，谋国不忠”，用这十二个字给张居正定了性。万历皇帝认为自己还宽大了，“本当剖棺戮尸，念效劳有年，姑免尽法，伊属居易、嗣修、顺、书都永戍烟瘴。都察院其榜居正罪状于省直”。

万历皇帝的说辞看似煞有介事，也没人真正对张居正死后的悲剧起到转机作用，可是万历皇帝的行为却起到极坏的连锁反应，那就是传递出一个干实事不会有好下场的要命信号。“人材者，求之则愈出，置之则愈匮。”什么用人导向，就出现什么样的人，于是从万历朝开始，明朝官员鲜少出现实干型人才。

用人是一门艺术，尤其是在对待实干型人才态度上，更是用人导向的风向标。实干型人才本身就面临巨大风险和挑战，现实中，往往事情做成了，有遭人嫉妒、枪打出头鸟的危险；事情失败了，就成为别有用心者名正言顺攻击的口实，干得多也就有可能错得多，被人攻击的也就越多，不干事就不会露头，也就没有错可纠。有了张居正这个前车之鉴，也就等于告诉实干型人才这就是干实事的下场，于是官吏混日子自然成了常态，大家都成为“一味甘草，二字乡愿”的油篓子，在你好我好的一团和气中、在轻松安全的环境中混日子。万历皇帝只能陷入无人可用，发再多牢骚也没作用的地步。

无论是从平民到权臣再到死后被抄家的经历过大喜大悲的一生，还是“一条鞭法”等改革谋略对当时后世的深远影响，都使张居正毫无争议地具有了影响深远的传奇色彩。虽然张居正的权术充满钩心斗角的意味，而其改革主张也受到许多前人甚至前任首辅的影响，但张居正忧国忧民的初心却是令人称道的事实。

嘉靖十五年（1536），张居正十二岁，在荆州府参加考试。荆州府知府李士翱前一晚做了一个梦，梦见天帝给他一个玉印，吩咐他转给一个孩子。第二天他阅卷的时候，一份试卷引起了他的注意，再看考生姓名——张白圭。于是因一个不在意的梦开始产生了联想，李士翱把他叫了过来。

李士翱问他:“你的名字白圭有什么寓意啊?”

张居正回答:“先秦的白圭，是研究治生之道的鼻祖，又是商人和政论家。本朝的白圭，是正统七年的进士，曾任山西巡抚，历任工部及兵部尚书。我这个白圭，将来也是救民救世的人，所以叫白圭。”

嘉靖十六年(1537)，张居正从荆州到武昌应乡试。

阅卷的考官把张居正的试卷呈给湖广巡抚顾璘。顾璘仔细看完考卷，发现此人小小年纪竟然能写出如此气势恢宏的文章，连连叫绝，赶紧让人把张居正叫来。

顾璘问他:“你年纪这么小，长大后有什么志向呢?”

张居正的回答更加让他吃惊:“学生常听父母言及，昔行曾祖父生平急难振乏，常愿以其身为褥荐，而使人寝处其上，使其有知，绝不忍困其乡中父老。学生当以曾祖为效尤，宏愿济世，不仅以身为褥荐，即有欲割取我耳鼻，当亦乐意施与!”

张居正这种胸襟抱负也延续到从政全部过程，因而针砭时弊，多次向嘉靖皇帝上疏表达破旧立新的政治主张，即便因对严嵩专权、整个朝局乌烟瘴气而在苦闷中休假回湖广老家，他也依旧在诗文中屡次表达自己心系国民的高尚情怀。

后来，张居正成为内阁首辅，集大权与帝师荣耀于一身，却并没有忘记初心，而是充分利用大展拳脚的机会，将政治主张付诸行动，进行了系统的改革，让理想成为现实，既改变了朝局慵懒现象，也改变了国家颓废局面，更减轻了人民负担疾苦，成为初心的捍卫者与践行者。

纵观两千多年的封建王朝，无数人将入仕作为至高无上的荣耀，甚至大多数读书人也将“学而优则仕”作为人生信条和毕生追求，通过各种途径入仕者犹如过江之鲫，但真正彪炳史册者却如同凤毛麟角。究其原因，平庸者除少数时运不济外，太多官油子或开始便无“穷则独善其身，达则兼济天下”的远大理想抱负，注定只能碌碌无为;或虽有着“修身、齐家、治国、平天下”的初心，却因中途经不起考验与诱惑，自甘堕落腐化，成为严嵩、和珅之类的奸邪之徒;或从此内敛圆滑，进取心消磨殆尽。而张居正的一生虽然不乏争议，但坚守崇高理想初心的举动及利国利民的功绩却始终值得人们致敬与礼赞。

附录：

张居正年表简编

嘉靖四年（1525 年 5 月 26 日），出生于湖广江陵（今属湖北荆州）。

嘉靖十五年（1537），12 岁，投考生员，遇荆州知府李士翱，并得其赏识。

嘉靖十九年（1540），16 岁，中举人，颇受湖广巡抚顾璘赏识。

嘉靖二十六年（1547），23 岁，中进士，任庶吉士，入翰林院。

隆庆元年（1567），43 岁，任吏部左侍郎兼东阁大学士，上《陈六事疏》，同年为吏部尚书、建极殿大学士。

隆庆四年（1571），与高拱利用俺答汗孙子来降一事，与鞑靼和解互市，达成“隆庆议和”。

万历初年（1572—1573），与大宦官冯保合谋逐高拱，据为首辅，晋中极殿大学士，一切军政大事均由张居正主持裁决。开始辅佐年幼的明神宗，当国十年，大刀阔斧，革新时政弊端，实行一系列改革措施：财政上，清仗田地、推行“一条鞭法”，总括赋、役，皆以银缴，“太仓粟可支十年，周寺积金，至四百余万”；军事上，任用戚继光、李成梁等名将镇北边，用凌云翼、殷正茂等平定西南叛乱；吏治上，实行综核名实，采取“考成法”考核各级官吏，“虽万里外，朝下而夕奉行”，政体为之肃然。

万历六年（1578），在全国范围内重新丈量土地，清查土地豪绅漏税的田产。

万历八年（1580），整顿吏治，遍查两京衙门。

万历九年（1581），推行“一条鞭法”，改变赋税制度，改善财政状况。

万历十年（1582 年 7 月 9 日），卒，58 岁，赠上柱国，谥文忠。死后不久被宦官张诚及守旧官僚所攻讦，籍其家。

天启二年（1622），经邹元标提议，明熹宗恢复张居正以及张家名誉。

参考文献：

[1] 朱东润 .《张居正大传》[M]. 武汉 : 湖北人民出版社 ,1981.

[2]（明）张居正 .《张太岳集》[M]. 中华书局 ,1985.

[3]（清）黄宗羲 .《明儒学案》[M]. 上海古籍出版社 ,1984.

[4]（清）张廷玉 .《明史》[M]. 中华书局 ,1974.

[5]（明）张居正 .《张居正集》[M]. 湖北人民出版社 ,1987.

[6]（美）黄仁宇 .《万历十五年》[M]. 中华书局 ,1982.

[7] 怀效锋 .《四朝政治风云（走向世界丛书）》[M]. 四川人民出版社 ,1988.

[8]（美）牟复礼 ,（英）崔瑞德 .《剑桥中国明代史》[M]. 中国社会科学出版社 ,1992.

[9] 樊树志 .《晚明史（1573-1644）》[M]. 复旦大学出版社 ,2003.

[10] 樊树志 .《万历传》[M]. 人民出版社 ,1993.

[11] 胡凡 .《嘉靖传》[M]. 人民出版社 ,2004.

[12] 吴晗 .《朱元璋传》[M]. 人民出版社 ,1985.

[13] 李亚平 .《帝国政界往事 : 大明王朝纪事》[M]. 北京出版社 ,2005.

[14] 温功义 .《明代的宦官与宫廷》[M]. 重庆出版社 ,1989.

[15] 黎东方 .《细说明朝》[M]. 上海人民出版社 ,1997,

[16] 清秋子 .《明朝出了个张居正》[M]. 陕西师范大学出版社 ,2007.

[17] 杨雯婧 .《张居正传》[M]. 哈尔滨出版社 ,2012.

[18] 肖少秋 .《张居正改革》[M]. 求实出版社 ,1987.

[19] 朱东润 .《张居正传》[M]. 人民出版社 ,2011.

[20] 郦波 .《风雨张居正》[M]. 中国民主法制出版社 , 2009.

[21] 夏维中.《品明朝：朱元璋的子孙与明亡清兴往事》[M]. 陕西师范大学出版社,2006.

[22] 当年明月.《明朝那些事儿（伍）：帝国飘摇》[M]. 中国友谊出版公司,2009.

[23] 宏瞻.《世间已无张居正》[M]. 浙江大学出版社,2015.

[24] 易中天.《严嵩与张居正》[M]. 浙江文艺出版社,2020.